ROAD TRIPS MYTHIQUES À MOTO

PIERRE-ÉTIENNE BEAUPREZ

ROAD TRIPS MYTHIQUES À MOTO

DÉCOUVREZ
40 ROUTES
LÉGENDAIRES

LAROUSSE

AVANT-PROPOS

Voyager à moto, ce n'est pas seulement voyager. Il ne s'agit pas simplement d'une question de destination, mais d'une façon de vivre, de ressentir chaque paysage, chaque parfum, chaque souffle du vent. Sur deux roues, on ne traverse pas simplement des lieux, on s'y immerge totalement en revenant à l'essentiel : les sensations, les émotions et les rencontres. Que cela soit les longues routes américaines, dans la boue des jungles asiatiques ou sur les pistes poussiéreuses des Andes sud-américaines, cet ouvrage est une véritable invitation à l'évasion, une promesse d'aventures. Peut-être y trouverez-vous l'inspiration nécessaire pour enfourcher votre moto et partir à la découverte de nouveaux horizons...

Ce livre ne se soustrait pas à des recherches et surtout pas à suivre l'actualité des pays que vous visitez : vérifiez systématiquement les informations sur www.diplomatie.gouv.fr avant de partir.

La US Route 163 traversant Monument Valley, Utah

SOMMAIRE

États-Unis

LA MYTHIQUE ROUTE 66

LA GRANDE, LA FAMEUSE, LA MONDIALEMENT CONNUE ROUTE 66 ! LA MOTHER ROAD, SI OMNIPRÉSENTE DANS LA CULTURE MOTARDE, ET PLUS LARGEMENT DANS L'IMAGINAIRE DU ROAD TRIP DE PAR LE MONDE, QU'IL ÉTAIT IMPOSSIBLE DE COMMENCER PAR UN AUTRE TRACÉ, TANT CELUI-CI EST EMBLÉMATIQUE. À TRAVERS HUIT ÉTATS ET TROIS FUSEAUX HORAIRES, L'HISTORIQUE ROAD 66 PLAIRA À TOUS CEUX QUI RECHERCHENT UN PÉRIPLE DE PURISTE AVEC L'ÂME AMÉRICAINE DU VOYAGEUR SOLITAIRE. CAR LA PARCOURIR AINSI N'EST CLAIREMENT PAS ACCESSIBLE À TOUT LE MONDE : IL FAUT AIMER LES LONGUES ROUTES ET LES TRÈS GRANDS ESPACES NATURELS. ALORS ACCROCHEZ-VOUS À VOS SANTIAGS ET FAITES DÉMARRER LE V-TWIN, CAR DE NOMBREUX MILES VOUS ATTENDENT !

2 SEMAINES /// **4 000 KM**

Le signe du départ historique de la Route 66, à Chicago, Illinois

CHICAGO BLUES

Harley-Davidson O-BLI-GA-TOIRE, puisque le départ se fait depuis le Harley-Davidson Museum de Milwaukee où la marque est née en 1903, comme pour répondre à l'existence même de la Road 66. En réalité, le départ officiel de la 66 se fait depuis Chicago et ses gratte-ciel vertigineux – vous avez donc le droit de rouler avec la moto que vous voulez. Après avoir visité la ville comme il se doit, passez par Cicero, le fief d'Al Capone, puis Joliet, le domaine des Blues Brothers. Sur la route, vous pourrez saluer le « Géant Gemini », avec son casque d'astronaute, avant d'arriver à Pontiac (en référence au grand chef amérindien !), où vous trouverez le Route 66 Hall of Fame, le musée de cette route historique – où sont d'ailleurs exposées des Pontiac, voitures pourtant originaires du Michigan... Continuez sur l'Old Route 66 vers Springfield. S'il existe 27 villes de ce nom aux States, une seule est la capitale de l'Illinois, et son magnifique Capitole a été maintes fois foulé par Abraham Lincoln.

Adrian, au Texas, est au miliieu de la Route 66

Poster vintage de la Route 66

L'étape suivante est Saint Louis, avec son immense arche d'acier, où vous pourrez visiter le Westward Expansion Museum, qui vous dit tout sur la conquête de l'Ouest et vous permettra peut-être de faire un parallèle avec votre propre expédition vers la Californie ! En chemin, vous allez d'ailleurs croiser une autre Springfield, histoire de ne pas les confondre, mais également quelques *diners* très typiques. N'hésitez pas à faire un petit détour par Carthage pour y voir les décors de *Retour vers le futur*. Peu après Joplin (aucun lien avec Janis), vous pourrez vous arrêter devant les derniers vestiges du Marsh Arch Rainbow Bridge.

UNE ROUTE AU DOUX GOÛT TEX MEX

Arrivé en Oklahoma, vous passerez par Miami (pas d'erreur géographique, un bon nom, ça se réutilise !) et son très beau théâtre Coleman. Cela vous permettra de traverser le territoire Cherokee et de voir la baleine bleue de Catoosa, puis de rallier Tulsa, la deuxième grande ville de l'État et lieu incontournable du jazz US ! Oklahoma City est au bout de l'immense portion de route qui vous rappelle à quel point le pays est gigantesque. La capitale de l'État du même nom est célèbre pour sa culture cow-boy très marquée et ses puits de pétrole en activité qui ont fait la richesse de la ville. Pour une vision plus réaliste de cette culture que celle des westerns spaghetti, rendez-vous au National Cowboy & Western Heritage Museum.

Des Harley Davidson sur le Old Chain of Rocks Bridge au-dessus du fleuve Mississippi

Coucher de soleil à Horseshoe Bend, Grand Canyon

Church Rock à Gallup, Nouveau Mexique

À Clinton, le Route 66 Museum propose exposition, historique et projections sur la Mother Road. Mais c'est Amarillo qui vous fera réviser vos classiques, car à sa porte ouest se trouve le célèbre Cadillac Ranch, chanté par Bruce Springsteen et mis en valeur par le film d'animation Cars. Bienvenue au Texas !

Au Nouveau-Mexique, direction Santa Fe à travers des déserts majestueux et les tons ocre qui les accompagnent, prenant de plus en plus le pas sur le vert ambiant. Monts et cactus, voilà les trésors qui vont vous suivre tout au long de votre route vers cette ville pionnière.

L'architecture de style pueblo de Santa Fe est très représentative du mélange des influences coloniales espagnoles et anglaises. Vous serez clairement dépaysé dans cette très belle ville dont la vie moderne et apaisée fait honneur au melting-pot américain. Ce petit détour dans les montagnes (Santa Fe est à 2 200 mètres d'altitude !) vous mène directement à Albuquerque, la plus grande ville de l'État. Puis à Gallup, considérée comme la capitale de la nation indienne : près d'un tiers de ses habitants sont d'origine hopi, zuni ou navajo.

Vue de Hunt's Mesa, Monument Valley

Mesquite Flats Sand Dunes, parc national de la Vallée de la mort

À LA CONQUÊTE DE L'OUEST

En Arizona, c'est la Petrified Forest qui vous ouvre grand les bras et vous montre ses deux visages : d'un côté, le Painted Desert, avec ses incroyables collines rouge orangé maintes fois vues au cinéma, et de l'autre, les arbres fossilisés qui ont donné leur nom à cet espace à couper le souffle. Si vous souhaitez faire le détour, il est possible de traverser le territoire navajo pour aller voir le canyon de Chelly et ses gargantuesques failles géologiques. En poussant encore un peu, vous pourrez même accéder à Monument Valley et ses immenses monolithes rouges, ainsi qu'au lac Powell.

Le lac asséché The Racetrack et ses "pierres à voile"

Depuis Flagstaff, vous êtes aux portes du Grand Canyon, et il est plus que temps d'aller le visiter. Cela peut se faire en hélicoptère, mais la promenade à pied est beaucoup moins bruyante tout en restant extrêmement belle. Qui plus est, elle a l'avantage de laisser admirer plus aisément les strates qui composent ce gigantesque parc orangé où il a fallu plusieurs millions d'années au fleuve Colorado pour lentement y creuser son lit.

Les « aventuriers, les joueurs, les mordeurs de dos » (et les fans de Johnny Cash) feront un détour par Las Vegas afin de tenter de gagner un peu d'argent. Cette ville perdue dans le désert n'est qu'à quelques encablures de la Vallée de la Mort, dont la diversité des paysages pourrait vous surprendre.

Puis c'est la dernière ligne droite vers L.A. Vous êtes accueilli en Californie par le désert de Mojave et sa réserve naturelle. C'est le stéréotype même du désert : aride, caillouteux et d'un extraordinaire camaïeu déclinant toutes les nuances du rouge au jaune. Cette portion du trajet contraste énormément avec Los Angeles, la mégapole qui rayonne sur le monde entier. Arrivé devant l'océan, vous pouvez vous féliciter d'être parvenu au bout de votre périple et de votre quête.

VOTRE ITINÉRAIRE

OBTENEZ LE TRACÉ GPX

La Route 66 dans le désert de Mojave

LES RÈGLES SPÉCIFIQUES AUX USA

Bien que les États-Unis soient un pays fédéral de la taille d'un continent (attention donc aux spécificités de chaque État !), voici quelques règles qui devraient vous aider à vous y retrouver :

En tant que citoyen français, vous pouvez faire un voyage de moins de quatre-vingt-dix jours sans visa si vous remplissez toutes les conditions. Il vous faudra notamment avoir fait une demande d'ESTA avant de partir (autorisation électronique de voyage, 21 dollars en 2024), avoir un passeport biométrique et ne pas avoir été dans certains pays… Sinon, vous devrez faire une demande de visa, avec un RDV à Paris à l'ambassade américaine. Toutes les infos sont sur service-public.fr.

Une fois sur place, il faudra vous faire à l'idée que tout se calcule différemment. En général, vous trouverez les limites suivantes sur la route : 25 mph (30 km/h) en ville, 55 mph (88 km/h) sur route et 70 mph (113 km/h) sur interstate (l'équivalent d'une autoroute). Attention, la police ne plaisante absolument pas avec la vitesse et les « speed tickets » sont salés. D'ailleurs, toute sirène implique de serrer à droite et de stopper immédiatement. Si la police vous arrête, mettez les mains bien en évidence.

Tous les feux de signalisation sont généralement de l'autre côté du carrefour, donc pensez bien à vous arrêter avant le croisement ! Sauf panneau « No turn on red », vous avez le droit de tourner à droite au feu rouge en faisant attention. Le panneau « Yield », qui signifie qu'il faut céder la priorité, est très peu présent ; en revanche, vous verrez souvent quatre panneaux stop aux croisements, où l'ordre d'arrivée prévaut.

Le panneau « Wrong way » indique un sens interdit. Sachez également qu'il est totalement interdit de doubler un bus scolaire à l'arrêt. 95 % des routes sont sans péage et on vous invite à éviter les quelques passages payants (merci le GPS !). Sachez aussi que, même si dans certains États il est légal de rouler (sous conditions) sans casque, cela n'est pas le cas pour vous, car votre assurance est française ! Enfin, considérez que votre moto est une voiture, donc pas d'interfile, et il faudra vous garer sur des emplacements de parking pour voitures.

États-Unis

LA ROUTE DU BLUES

LA ROUTE DU BLUES OU BLUES HIGHWAY (À PRONONCER AVEC L'ACCENT !) EST UN TRAJET HISTORIQUE DES ÉTATS-UNIS QUI PART DE CHICAGO ET VA JUSQU'À LA NOUVELLE-ORLÉANS. MAIS PLUS QU'UNE SIMPLE ROUTE, C'EST UN VOYAGE AU CŒUR DE LA MUSIQUE AFRO-AMÉRICAINE QUI VOUS EST PROPOSÉ, EN TRAVERSANT L'ILLINOIS, LE MISSOURI, L'ARKANSAS, LE TENNESSEE, LE MISSISSIPPI ET LA LOUISIANE ! ATTACHEZ VOTRE CASQUE ET SUIVEZ LE DESTIN FASCINANT DE ROBERT JOHNSON, BB KING OU MUDDY WATERS, TOUT EN DÉCOUVRANT L'INFINIE VARIÉTÉ DE PAYSAGES QUI COMPOSENT CETTE PARTIE DU PAYS, ENTRE MARAIS, COLLINES, ZONES URBAINES ET PLAINES FERTILES.

10 JOURS /// 2 200 KM

Le pont historique Chain of Rocks Bridge

UN BOUT DE ROUTE 66

Comment mieux commencer son voyage que dans la « cité des vents », Chicago, et le non moins connu lac Michigan ? Entre la Willis Tower, le Millenium Park et le Buddy Guy's Legends, célèbre club de blues où se sont produits les plus grands, vous aurez vite fait d'oublier la moto pour vous perdre dans cette ville gigantesque qui offre tant à découvrir pour une première journée bien remplie.

Le deuxième jour, suivez la Route 66 et rendez-vous à Pontiac pour visiter le musée de cette route légendaire. Au bout de ce tronçon de l'historique Road 66 se trouve la capitale de l'Illinois : Springfield. Cette ville au charme très particulier (on vous conseille le Shea's Gaz Station Museum) s'avère avoir

Centre-ville de Saint-Louis

été le fief d'Abraham Lincoln, père fondateur de l'Amérique, dont la tombe est un incontournable.

Au troisième jour, après un éventuel détour par Edwardsville et les Ford Mustang passablement décrépites du Mustang Corral, vous arriverez à Saint Louis, ancienne colonie française établie sur la confluence du Mississippi et du Missouri. La ville natale de Chuck Berry a aussi vu se produire de grands noms, comme Miles Davis ou Albert King, et c'est même le titre d'une chanson de Nat King Cole ! Ces airs de piano dans le casque accompagneront parfaitement votre traversée du fleuve pour changer d'État. Ce faisant, n'oubliez surtout pas d'admirer l'Old Chain of Rocks Bridge, voire de vous y arrêter pour le parcourir à pied et visiter le reste de la ville.

SUR LA ROUTE DE MEMPHIS

Pour la quatrième journée, longer le Mississippi sera un réel plaisir ! La 61 n'est jamais très loin du fleuve et permet des arrêts à l'envi, au cas où vous vous lasseriez des immenses plaines herbeuses. Cap-Girardeau et ses fresques murales seront un bon endroit pour faire une pause, tandis que Paducah, ville adoptée par les artistes, vous accueillera en son centre historique et sur son *riverfront*.

Le jour suivant, la route panoramique entre les lacs Kentucky et Barkley vaut largement le temps qu'elle fait perdre sur cette portion, et c'est le moyen le plus agréable d'entrer dans l'État du Tennessee et d'arriver à Nashville. Entre musique et whiskey, un air de rock'n'roll se dégage indéniablement de cette ville survoltée, au petit air de film de cow-boy et de musique country !
À l'aube du sixième jour, Lynchburg est incontournable pour qui aime le Jack Daniel's (nous sommes sur la Tennessee Whiskey Road, après tout !). Enfin, traversez les grandes plaines et les champs afin d'atteindre Memphis et Graceland, la demeure du King, Elvis Presley. Entre les usines de Gibson, le Sun Studio et le Rock'n'Soul Museum, les mélomanes seront aux anges.

Graceland à Memphis, demeure d'Elvis Presley

Le Capitole de Louisiane, Baton-Rouge

À L'APPROCHE DES PLANTATIONS

Berceau du blues, Clarksdale et son Delta Blues Museum sont incontournables sur le programme du septième jour. Mais le B.B. King Museum d'Indianola est une excellente alternative, ainsi que Greenwood pour voir la tombe de Robert Johnson, que l'on remercie d'avoir vendu son âme au diable !

Au huitième jour, Vicksburg, dominant toute la vallée sur sa falaise, vous en apprendra davantage sur la guerre civile américaine, là où la vie de Natchez s'articule autour du fleuve.

Le neuvième jour, Saint Francisville et ses baraques d'époque marqueront l'approche des plantations qui vous accompagneront sur votre route pour Bâton-Rouge, capitale de la Louisiane. Pour la dernière journée, c'est toute la splendeur et la richesse de la période d'avant la guerre de Sécession (et des horreurs de l'esclavagisme) en Louisiane que vous pourrez découvrir le long de la route. Il vous sera d'ailleurs possible de visiter l'une de ces plantations afin de découvrir la vie des planteurs et celle des esclaves sur plusieurs générations.

La Nouvelle-Orléans sera le point d'orgue de ce voyage, avec son identité hybride qui la rend unique, entre son quartier français aux rues étroites et ses balcons de fer forgé agrémentés de végétation. À visiter impérativement !

PARTIR LOIN, ÇA SE PRÉPARE !

Partir à l'autre du bout du monde peut être l'expérience incroyable d'une vie. Cependant, cela nécessite un minimum d'organisation afin que l'idylle ne se transforme pas en cauchemar. La première question à laquelle vous allez devoir répondre, c'est si vous souhaitez tout organiser seul, voyager avec des amis, ou si vous préférez déléguer l'organisation à une agence.

Car si le fait de tout planifier seul vous offre une liberté totale sur le trajet et vous permet d'être au plus proche de vos attentes, cela signifie que vous êtes également seul en cas de problème. Tandis qu'organiser le voyage avec des amis permet d'alléger la charge de travail en vous répartissant les tâches, certes au détriment de votre liberté – et avec l'éventualité de quelques conflits au passage.

Reste la possibilité de faire appel à une agence de voyages qui prendra tout en charge et vous soustraira à tout ce stress et aux responsabilités concomitantes. Toutefois, cela a un coût (souvent très élevé) et ces parcours pensés en amont ne laissent aucune place à l'improvisation.

Aucun choix n'est meilleur que les autres, il vous faudra faire un peu d'introspection pour répondre à vos attentes les plus profondes et accepter de faire des compromis !

Quartier français de La Nouvelle-Orléans

Bâtiment style français, La Nouvelle-Orléans

VOTRE ITINÉRAIRE

OBTENEZ LE TRACÉ GPX

États-Unis

LA ROUTE DIXIE

LA ROUTE DIXIE, C'EST LE RÊVE AMÉRICAIN AU BOUT DU CHEMIN. C'EST *EASY RIDER*, MAIS SANS LA FIN. IMAGINEZ-VOUS PARCOURANT LE MÊME TRAJET QUE PETER FONDA ET DENNIS HOPPER, SUR CETTE ROUTE DE TRANSHUMANCE QUI RELIE L'OCÉAN PACIFIQUE AU GOLFE DU MEXIQUE. UN ROAD TRIP PUR ET DUR ET DES PAYSAGES TYPIQUES QUI ONT FORGÉ NOTRE CULTURE COMMUNE DE MOTARDS. UNE CHEVAUCHÉE SAUVAGE LE LONG DE LA SUN BELT RÉSERVÉE AUX PURISTES QUI NE CRAIGNENT PAS DE SE TANNER LE CUIR ET DE RÉCOLTER UN LOT DE MOUCHERONS ENTRE LES DENTS À FORCE DE SOURIRE ! UN CONSEIL : PRIVILÉGIEZ PLUTÔT DE FAIRE CE VOYAGE EN AUTOMNE OU AU PRINTEMPS.

2 SEMAINES /// **4 000 KM**

Au sommet du Mont Lee

DÉPART DANS LE FAR WEST

L'aventure commence depuis la titanesque cité des Anges, cœur du cinéma mondial, avec son gigantesque panneau « Hollywood » et son boulevard du même nom pavé de la Walk of Fame. Le symbole de la conquête de l'Ouest et la plus peuplée des villes des États-Unis mériterait qu'on y passe plusieurs semaines ne serait-ce que pour comprendre son essence et sa douceur de vivre sans pareil ! Le long de l'incontournable Mulholland Drive, vous feriez mieux de vous concentrer sur la suite de virages plutôt que de chercher à comprendre le film de David Lynch. Puis il sera plus que temps de quitter le pays des stars du rock et du cinéma pour prendre les immenses routes aux innombrables voies qui mènent progressivement vers le désert, alors que les palmiers cèdent la place à une végétation plus rase et plus sèche. C'est vers la Moreno Valley que l'aspect urbain commence réellement à

Big Bend, à la frontière du Mexique

La Route 163 traversant la célèbre Monument Valley

s'effacer pour les grands espaces typiquement américains de Palm Springs ! Prévoyez de quoi boire et vous couvrir pour cette première traversée du désert, non loin des Mojaves et de la Vallée de la Mort. Il sera de ce fait primordial de bien planifier vos étapes en amont, afin de ne pas vous retrouver à devoir rouler dans des conditions extrêmes.

À partir de Williams, direction le Grand Canyon, pour découvrir la merveille que constitue cette gorge spectaculaire et majestueuse, populaire dans le monde entier. Monument Valley offre un spectacle tout aussi fabuleux et familier, notamment pour ceux qui ont grandi avec Bip Bip et Vil Coyote ! Puis allez voir le Mexican Hat, fruit de la tragique histoire d'amour d'un vaquero mexicain magiquement transformé en pierre par son rival. Enfin, avant de quitter le territoire navajo, un petit passage au monument national du canyon de Chelly est de bon aloi, pour ses incroyables failles géologiques qui font chacune une trentaine de kilomètres. Plus au nord, Durango est une étape conseillée comme lieu de repos mais également pour profiter de ses excursions en train à vapeur, comme un vrai cow-boy ; d'où aller explorer la magnifique Million Dollar Highway et ses panoramas exceptionnels !

LE LONG DE LA FRONTIER

La Frontier, c'est la ligne qui marque la zone limite de la conquête de l'Ouest et qui véhicule toute l'image du pionnier. Symbolisés et représentés par le Colorado et le Nouveau-Mexique, ces territoires sont faits de montagnes sauvages et de plateaux lunaires. C'est une nouvelle ruée vers l'or pour vous ! Et quoi de mieux que Santa Fe et son architecture de style pueblo ou les contreforts des monts du Sangre de Cristo pour garantir un dépaysement total ?

C'est un excellent point de passage pour se diriger vers l'Alamogordo et découvrir le parc national des White Sands, dont le blanc neigeux du gypse contraste de manière spec-

Pub dans Bourbon Street

taculaire avec la chaleur qui s'en dégage. Plus au sud, vous contournerez Ciudad Juárez, réputée pour être la capitale mondiale du crime, afin de vous rendre à Fort Davis sur des routes fort plaisantes de moyenne montagne. En quittant cette bourgade assez typique du sud-ouest des États-Unis, vous entamez la traversée du Big Bend National Park et suivez la frontière naturelle entre les États-Unis et le Mexique que représente le Rio Grande. La route vous mettra peut-être à rude épreuve, mais Houston est au bout du trajet, avec son George W.S. Abbey Rocket Park qui vous enverra dans les étoiles !

ENVIE DE SE METTRE AU VERT ?

C'est parti pour la Louisiane et nos lointains cousins : les Acadiens de Lafayette ! Cette communauté parlant le français maintient coûte que coûte cette part de sa culture. Chaque année, les habitants de Lafayette célèbrent leur héritage français, cajun et créole au cours d'un festival qui transforme la ville pendant trois jours où musique, cuisine et danse se mêlent pour le plus grand plaisir des petits et des grands. La ville n'a strictement rien à voir avec Houston et on y reconnaît l'influence centenaire des anciennes colonies qui se sont installées sur les bords de la rivière Vermilion, dans les prémices de La Nouvelle-Orléans, dernière étape de ce voyage.

Bienvenue à NOLA ! Cœur battant de la Louisiane, la ville possède une âme faite de jazz, du bayou, de mythes vaudous et des festivités du Mardi gras ! Une ville bien différente mais toute aussi fascinante que le Los Angeles au départ de votre périple, avec son vieux quartier français reconnaissable à ses rues pavées et ses balcons en fer forgé ou encore la magie des rives du Mississippi. Prenez le temps de vivre dans l'intimité de La New-Orléans, au rythme de ses notes de musique, de son atmosphère envoûtante et de sa vie nocturne enchanteresse.

Cypress Lake à Lafayette

LE BUDGET À PRÉVOIR

Préparer un voyage à moto à l'étranger demande une gestion serrée du budget. En fonction du pays et de vos exigences en termes de confort, la facture peut vite grimper, à moins d'être un expert en débrouille. Mais après tout, n'est-ce pas aussi ça, l'aventure ?

Pas de surprise en cas de voyage organisé, tout est pris en charge et le tarif est aussi premium que le service ! Pour l'organiser vous-même, pas de secret, il faudra faire vos devoirs et tout noter sur votre tableur préféré. Renseignez-vous sur le coût de la vie dans le pays de destination en prenant en compte l'hébergement, la nourriture, l'essence, les péages, l'assurance voyage, les visas et autres frais administratifs. N'oubliez surtout pas le prix du voyage pour rejoindre votre destination et le coût de la location d'une moto si vous ne partez pas avec la vôtre.

Vous avez tout ? Parfait ! Ajoutez 20 % pour avoir une marge de sécurité.

Bourbon Street, La Nouvelle-Orléans

OBTENEZ LE TRACÉ GPX

États-Unis

THE TAIL OF THE DRAGON

NAVIGUANT ENTRE LE TENNESSEE ET LA CAROLINE DU NORD, LA QUEUE DU DRAGON EST UNE ROUTE MYTHIQUE À LAQUELLE LES RIDERS AMÉRICAINS AIMENT VENIR SE CONFRONTER. CETTE PORTION DE L'US 129 SE PERD ENTRE LA GREAT SMOKY MOUNTAIN NATIONAL FOREST ET LA CHEROKEE NATIONAL FOREST. ELLE EST TRÈS APPRÉCIÉE GRÂCE À DEUX ATOUTS D'IMPORTANCE : TOUT D'ABORD, ELLE NE PROPOSE PAS MOINS DE 318 VIRAGES EXIGEANTS SUR 11 MILES (SOIT 18 KILOMÈTRES !), ET ENSUITE ELLE OFFRE DE SUPERBES PAYSAGES, TYPIQUES DES APPALACHES. AFIN D'EN PROFITER AU MIEUX, LAISSEZ-VOUS PORTER PAR CETTE BOUCLE AU DÉPART DE CHEROKEE.

ENVIRON 4 H /// **244 KM**

Blue Ridge Parkway en Caroline du Nord

LA GRANDE MONTAGNE BRUMEUSE

Si, pour des raisons pratiques, le point de départ le plus évident est en effet Cherokee (du nom de la tribu qui vivait sur ces terres avant l'arrivée des colons), il est également possible de partir de Gatlinburg. Cet itinéraire étant une boucle, à vous de décider de quel côté vous préférez attaquer le monstre et dans quel sens. Certaines parties du tracé sont parfois temporairement fermées, n'hésitez pas à vérifier sur le site National Park Service – nps.gov – avant de prendre la route. Cette partie des Blue Ridge Mountains est le parc national le plus visité des États-Unis, en partie grâce au sentier des Appalaches qui le traverse de part en part. C'est d'ailleurs une aubaine pour les amis de la nature, la forêt primaire de ce parc constituant une richesse de biodiversité absolument incroyable et le statut protégé de cette zone permettant aux ours noirs, salamandres et wapitis d'y vivre en toute sérénité. Vous vous en doutez, c'est un lieu propice à la contemplation.

DOMPTER LE DRAGON

L'intégralité du trajet est sublime, vous l'aurez compris ! Reste que le meilleur moyen d'en profiter est de s'arrêter pour pouvoir admirer les alentours, et de nombreuses aires ont été prévues pour cela, alors prenez le temps ! Cela vous permettra d'ailleurs d'éviter un éventuel animal sur la route, les ours et divers cervidés n'étant pas rares. La densité de la forêt, compacte et luxuriante, n'en finit pas de fasciner. Mais également par les vues plongeantes sur la vallée verdoyante, votre trajet vous menant parfois à plus de 1 500 mètres d'altitude (avec un dénivelé positif de 1 000 mètres), ou encore en bordure des lacs omniprésents dans cette zone. Arrivé sur la portion légendaire de la Queue du Dragon, il n'est plus temps de rire ! Les urgences étant à une heure de route, on garde ses fondamentaux en tête : on reste humble, on accélère et on freine doucement, on garde ses distances et on se concentre.

Deal's Gap

Great Smoky Mountains

Si vous voulez jouer un peu, évitez le week-end et faites une reconnaissance en roulant souple, puis en poussant un peu plus sur le deuxième et le troisième passage. En cas de chute, la punition sera immédiate et, en plus des éventuels dégâts sur votre personne ou votre moto, vous figurerez à Deal's Gap sur le Tree of Shame, qui regroupe des morceaux de moto qui se sont crashées sur ce tracé. Ce col de montagne sera en tout cas parfait pour faire une petite pause, prendre un café ou reposer un peu vos mains, mais surtout pour rencontrer tous les passionnés de moto qui ont eu la même délicieuse idée que vous : découvrir ce lieu magique et ce tracé aussi amusant que stimulant.

ENVOYER SA MOTO À L'ÉTRANGER

Tout un tas de raisons expliquent qu'on préfère envoyer sa moto à l'étranger, dont la difficulté à acheter ou louer une moto sur place. Plusieurs solutions existent, et on n'abordera pas la remorque, qui est la plus courante. Le transport routier fait partie des solutions les plus abordables et l'acheminement se fait dans les dix jours en moyenne en Europe. Le tarif change en fonction de la distance, des modalités de prise en charge et de l'assurance souscrite. Par exemple, faire déposer/récupérer votre moto dans un centre relais sera généralement deux fois moins cher que de faire une livraison porte à porte.

Le service moto-train de la SNCF, malgré sa praticité, n'existe malheureusement plus.

Pour les très longues distances, notamment sur d'autres continents, le transport maritime est une solution viable. Il prend quelques semaines, et il est possible de partager le conteneur ainsi que de charger soi-même sa moto pour limiter les frais (c'est souvent la meilleure solution). Malgré tout, l'opération reste relativement onéreuse, aussi est-il pertinent d'essayer de profiter d'offres de dernière minute de transporteurs qui cherchent à remplir les derniers espaces disponibles.

Attention, il vous faudra fournir la carte grise originale, un certificat de non-gage, un inventaire précis de ce que vous envoyez, une copie de votre pièce d'identité et un justificatif de transfert. Veillez à bien contacter le port qui est censé réceptionner votre moto et à faire jouer la concurrence, car les frais administratifs, douaniers et de manutention du pays d'arrivée seront plus élevés que le transport en lui-même. Le mieux sera de passer par une agence qui gérera toute cette partie pour vous.

Reste le transport aérien, qui est la solution la plus coûteuse, mais également une des plus simples. Il faudra évidemment s'y prendre bien à l'avance dans tous les cas. Enfin un des points à ne pas négliger est le coût du gardiennage si vous ne récupérez pas votre moto immédiatement !

Rivière dans le Tremont, parc national des Great Smoky Mountains

VOTRE ITINÉRAIRE

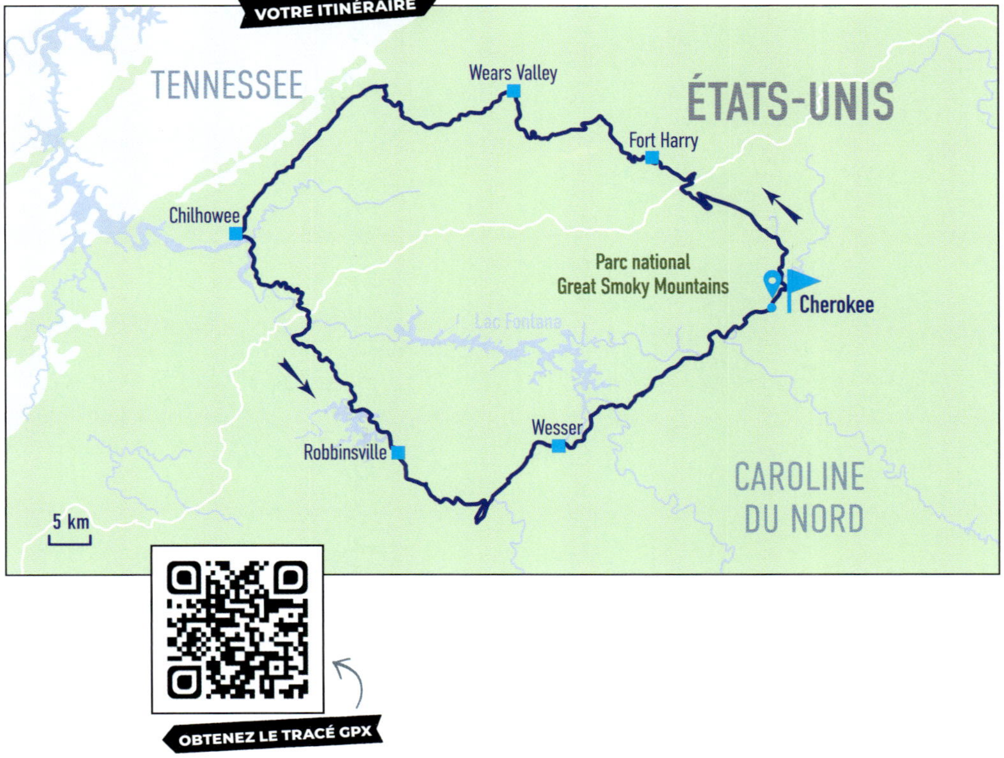

OBTENEZ LE TRACÉ GPX

États-Unis

HIGHWAY TO HEAVEN

POUR FAIRE LA HIGHWAY 1, IL FAUDRAIT UNE PLAYLIST MUSICALE BIEN ROCK'N'ROLL, ALLANT DE *HIGHWAY TO HELL* À *STAIRWAY TO HEAVEN*, ET VOUS AURIEZ LE BON ÉTAT D'ESPRIT POUR CARACOLER LE LONG DE L'OCÉAN ET PARCOURIR EN LONGUEUR LA CÔTE CALIFORNIENNE EN PROFITANT DE SON CLIMAT MÉDITERRANÉEN ET DE SON SOLEIL ÉTERNEL. CHAUSSEZ VOS LUNETTES EN MODE STAR HOLLYWOODIENNE ET PRÉPAREZ-VOUS À VIVRE LE RÊVE AMÉRICAIN ENTRE PACIFIQUE ET CHAÎNES DE MONTAGNES !

4 JOURS MINIMUM /// **1 200 KM**

Golden Gate Bridge, San Francisco

WEST COAST CHOPPER

C'est comme dans *le Lièvre et la Tortue* : l'important n'est pas de courir, mais de partir voir les points de vue spectaculaires de la côte pacifique. Vous pourriez partir de San Francisco, mais pourquoi se priver de quelque 350 kilomètres de routes fantastiques supplémentaires ? Qui plus est, en choisissant Leggett, vous attaquez directement par une petite route qui combine asphalte parfait et virages décoiffants. Idéal pour déboucher de manière inattendue sur l'immensité éclatante de l'océan Pacifique, votre compagnon de route pour les jours à venir.

À partir de là, attendez-vous à des vagues d'euphorie aussi nombreuses que celles qui rafraîchissent la côte. Le nombre de points de vue fabuleux dépasse la capacité à compter de n'importe quel matheux, même zélé. Il faut dire qu'avec l'ensoleillement de la région, les plages de sable fin qui s'étalent de-ci de-là et la nature qui s'étend à perte de vue, tout est absolument idyllique ! Avez-vous déjà vu Elephant Rock ?

Pont Brixby et Big Sur, Pacific Coast Highway, Californie

En tout cas, si vous avez choisi de faire votre road trip en automne ou au printemps, vous aurez peut-être la chance de voir San Francisco autrement que dans le brouillard. On vous le souhaite, il serait dommage de louper cette magnifique cité péninsulaire, l'emblématique Golden Gate et la gigantesque baie de San Francisco, avec l'île d'Alcatraz.

BIG SUR

En continuant votre descente, vous arrivez sur la Big Sur – abréviation mutante de « el pais grande del sur » –, entre Carmel-by-the-Sea et San Simeon. C'est certainement une des parties les plus onéreuses d'une zone où la vie est déjà chère. À prendre en compte pour faire vos réservations et, surtout, pour faire le plein. En tout cas, le paysage est gratuit et toujours époustouflant ! Ce n'est pas le passage sur le Brixby Bridge et la Point Lobos State Natural Reserve qui vous feront dire le contraire. Plus loin, la plage Pfeiffer est sublime, avec son sable violet, mais le prix de 12 dollars risque d'en décourager certains. Ceux-là préféreront aller à l'Elephant Seal Vista Point pour voir les éléphants de mer se reposer, jouer et vivre leur vie de phoques massifs, ou encore flâner sur les promenades de San Simeon, qui restent gratuites. À partir de là, il est possible de prendre une réservation pour aller en bus jusqu'au Hearst Castle, résidence-château moderne de milliardaire un peu fou, qui se visite.

CALIFORNIA DREAMIN'

Après une petite baignade à Avila Beach, il est temps de se diriger vers la cité des Anges. Cette partie de la route s'éloignant de la côte, elle est moins spectaculaire. Elle reste

Pfeiffer Beach, Big Sur

toutefois très agréable, surtout si le beau temps est de la partie. Envisagez d'ailleurs un petit détour à Solvang, un village danois en plein milieu du rêve californien ! Rassurez-vous toutefois, un peu avant Santa Barbara et ses tuiles rouges, vous retrouverez l'océan, son horizon infini et la côte on ne peut plus américaine. Mais la ville en question est très belle et mérite qu'on se pose sur ses plages ou en terrasse avec un vin doux et sucré du cru local. Les fans de surf ne manqueront pas la jetée de Ventura, un spot bien connu des amateurs. Malibu signe l'arrivée vers L.A. (à prononcer « Élèèèy »). La ville, connue pour avoir abrité quelques séries des années 1980, l'est également pour sa magnifique côte où se côtoient plages vierges, grottes, formations rocheuses et bassins où l'eau est plus chaude qu'à l'accoutumée. Avec un peu de chance, vous croiserez peut-être une star en villégiature qui essaie de passer incognito... Si ça n'est pas le cas, vous aurez une seconde chance à Santa Monica et sa magnifique jetée, au pied de Los Angeles. Une fois dans la mégalopole, vous aurez l'embarras du choix entre les activités culturelles, notamment liées au cinéma, Beverly Hills, Mullholland Drive, Sunset Boulevard, Hollywood et tous ces noms qui nous ont fait rêver quand on était enfants !

LOUER UNE MOTO

Selon le pays et l'agence de location, les contraintes diffèrent. Généralement, il faut avoir au moins 21 ans et un an d'expérience pour pouvoir louer une moto, mais cela peut aller jusqu'à 25 ans minimum et trois ans d'expérience. Dans l'immense majorité des cas, vous devrez avoir le permis A et un permis international – si on ne vous demande rien, vérifiez que le loueur est bien déclaré, sinon il est pratiquement certain qu'il n'a pas d'assurance. Il vous faudra donner une photocopie de votre passeport (hors UE) ou carte d'identité (en Europe) et vous munir d'une carte bancaire afin de faire le dépôt de la caution.

La distance que vous avez le droit de parcourir chaque jour va de 300 kilomètres avec une surtaxe au-delà à un kilométrage illimité. Le casque est généralement prêté avec la moto mais sa location implique parfois un surcoût. C'est à prendre en compte car votre casque n'est pas toujours accepté en avion (à vous de contacter votre compagnie aérienne pour connaître leur politique à ce sujet).

Santa Monica Pier

OBTENEZ LE TRACÉ GPX

Canada

LA TRANSCANADIENNE

RELIANT L'OCÉAN PACIFIQUE À L'ATLANTIQUE ET TRAVERSANT TOUT LE CANADA (D'OÙ SON NOM), LA TRANSCANADIENNE TRAVERSE TOUTES LES PROVINCES DU PAYS ET VOUS FERA PASSER PAR SIX FUSEAUX HORAIRES DIFFÉRENTS. À PEINE MOINS LONG QUE LA ROUTE DE LA SOIE, CE VOYAGE FARAMINEUX À FAIRE ENTRE MAI ET OCTOBRE VOUS FERA RELATIVISER LA NOTION DE GRANDEUR. IL FAUDRA DONC SAVOIR ENCAISSER LES KILOMÈTRES – ET FAIRE ATTENTION À SA JAUGE D'ESSENCE. ENTRE LITTORAUX ENCORE SAUVAGES, ROUTES DE MONTAGNE ENNEIGÉES ET FORÊTS FAISANT ENCORE LA PART BELLE AUX OURS ET AUX CARIBOUS, PARTEZ À LA DÉCOUVERTE DU PAYS DE NOS COUSINS ÉLOIGNÉS !

1 MOIS /// **7 800 KM**

Vue aérienne de Vancouver

LA CHAÎNE DES ROCHEUSES

Si le trajet est possible dans les deux sens, la manière traditionnelle sera de partir de l'ouest pour aller vers l'est. Après votre arrivée à l'aéroport de Vancouver, dirigez-vous vers Victoria et le « miles zero » pour débuter ce trajet historique. On vous propose ici l'itinéraire méridional afin de profiter des parties les plus intéressantes du territoire.
Vancouver n'est d'ailleurs pas une petite pièce, car son île est des plus accueillantes, ses rives tendent les bras aux surfeurs et aux baleines, et sa rain forest est un territoire de jeu pour les ours. La ville en elle-même est très nord-américaine bien que très verte, et surtout au pied des Rocheuses qu'il vous faudra absolument aller explorer, via la Sea to Sky Highway, par exemple. Dans tous les cas, vous y passerez et aurez la chance de pouvoir admirer ces montagnes, puisque vous grimperez à plus de 1 600 mètres d'altitude ! Tout cela vous permettra de contempler cette merveille qu'est le parc national de Banff, avec le lac Louise dans son écrin alpin et la possibilité d'aller voir les sources chaudes. Le parc national de Yoho, dont le lac Peyto a la forme d'un loup, complète le tableau avec ses populations de wapitis et de mouflons sauvages. Enfin, les Rocheuses sont une suite mirifique de parcs nationaux ou provinciaux, tous plus beaux les uns que les autres !

LE CANADA CONTINENTAL

Arrivé à Calgary, vous quittez la montagne pour un climat continental tempéré et vous entamez de gros tronçons propices à la méditation (tout en restant concentré sur sa route !).

Si vous n'aviez jamais vu de chevaux sauvages ou de bisons, c'est encore chose possible dans ces plaines du Saskatchewan qui ont définitivement un côté western, notamment avec la police montée, qui rendrait jaloux n'importe quel cow-boy. Winnipeg, la capitale des Prairies, la portion canadienne des Grandes Plaines, sera une bonne occasion de prévoir un arrêt, entre ses musées, le célèbre site de La Fourche et ses nombreuses attractions artistiques. En quittant la ville, vous arrivez dans la plus grande zone de lacs d'eau douce au monde, tout simplement nommée « région des Grands Lacs ». Ne manquez pas d'aller voir Nestor Falls et Lake of the Woods et laissez-vous tranquillement porter, jour après jour, vers la frontière des États-Unis et les Lacs supérieurs. Arrivé à Toronto, aller voir les chutes du Niagara, l'une des merveilles naturelles les plus connues au monde, est une obligation !

Les chutes du Niagara

Vue du lac Supérieur, Ontario

CHEZ NOS COUSINS D'AMÉRIQUE

En suivant le lac Ontario et juste après Ottawa, la magnifique, grandiose et accueillante capitale du pays, vous arrivez dans la partie francophone du Canada. Évidemment, Montréal sera un incontournable, avec sa basilique Notre-Dame, le Vieux-Montréal, sa touristique rue Sainte-Catherine et sa culture du bagel. Après le lac Saint-Pierre se trouvent les célèbres Trois-Rivières et vous pouvez ensuite suivre le fleuve Saint-Laurent qui mène jusqu'à Québec, où l'estuaire est encore peuplé de baleines et autres bélugas !

La suite de ce trajet vous emmène au Nouveau-Brunswick pour saluer dignement le mont Carleton. En Nouvelle-Écosse, vous pourrez voir la merveilleuse baie de Fundy, qui regorge de surprises telles que les Hopewell Rocks, et enfin le cap Breton, pour rejoindre votre ferry. Une fois débarqué, il ne vous reste plus qu'à aller au bout du bout de la Transcanadienne, dans la province de Terre-Neuve-et-Labrador, avec ce délicieux sentiment d'avoir réussi à atteindre le bout du monde !

Belles maisons dans le quartier historique de Montréal

LE PERMIS INTERNATIONAL

Dans l'espace économique européen, au Royaume-Uni et en Suisse, aucun souci, votre permis français suffit. Mais quid des autres pays ? Chacun est différent et aura ses propres règles, aussi vous faudra-t-il parfois posséder le permis de conduire international (PCI) pour conduire, comme c'est le cas en Bolivie et en Thaïlande, où il est obligatoire en plus du permis français. Au Canada, votre permis français ne sera valable que de trois à six mois en fonction des provinces. Aux USA, tout dépend des États, mais globalement, votre permis français sera valable six mois et le PCI un an. De nombreux pays demandent une traduction assermentée, comme la Russie.

Avoir le PCI ne sera donc jamais de trop, et vous pouvez envisager de faire une demande pour gagner en confort.

Celle-ci se fait sur le site de l'ANTS, où on vous réclamera un justificatif d'identité, un justificatif de domicile ainsi que votre permis de conduire. Vous disposez ensuite de quinze jours pour envoyer par courrier les documents suivants : attestation de dépôt de la demande, photo d'identité conforme et récente et une enveloppe prêt-à-poster pour une lettre suivie de 50 grammes affranchie à votre adresse.

La bonne nouvelle, c'est que cette demande est gratuite. Faites-la toutefois six mois avant de partir, pour être sûr de recevoir votre PCI à temps !

Le lac Peyto dans le parc national de Banff

VOTRE ITINÉRAIRE

OBTENEZ LE TRACÉ GPX

Les Trois Amériques

LA ROUTE PANAMÉRICAINE

VOUS AVEZ ENVIE D'AUTRE CHOSE, DE REPARTIR À ZÉRO ? DE PRENDRE LA ROUTE ET DE PARTIR À L'AVENTURE SUR LES ROUTES AU GUIDON DE VOTRE MOTO ? ÇA TOMBE BIEN, CAR ON A LE DÉFI À LA TAILLE DE VOS ESPÉRANCES, AVEC CE TRAJET MYTHICO-LÉGENDAIRE PRATIQUEMENT IMPOSSIBLE À RÉALISER À MOTO. DONC ABANDONNEZ TOUT ET ACCOMPLISSEZ-VOUS DANS CETTE AVENTURE QUI POURRAIT ÊTRE L'HISTOIRE D'UNE VIE.

4 MOIS À ROULER, 18 MOIS POUR LA VIVRE VRAIMENT

PLUS DE 25 000 KM

UNE ATTENTION TOUTE PARTICULIÈRE AUX PRÉPARATIFS

Pour un projet d'une telle ampleur, il va vous falloir développer pléthore de compétences et le maître mot sera « adaptabilité ». Tout d'abord, vous aurez besoin d'être extrêmement organisé afin d'assembler les autorisations administratives pour tous les pays, et de façon à ce qu'elles fonctionnent les unes par rapport aux autres au niveau du timing. Celui-ci peut s'avérer compliqué en termes de saisonnalité : impossible (presque) de rouler en Alaska, au cercle polaire donc, en hiver, et à l'inverse, les périodes chaudes en zone aride peuvent être difficiles à gérer pour l'humain comme pour sa machine. Ajoutez à cela les zones humides aux tropiques et à l'équateur, mais surtout, de vraies saisons hivernales en altitude en Amérique du Sud.

Vous l'aurez compris, une possibilité sera de partir en été du nord, de passer l'automne aux États-Unis, puis l'été austral en Amérique centrale, et de continuer vers la pointe d'Ushuaïa avant l'hiver austral. Ou alors de prendre beaucoup plus de temps et de vous laisser porter en suivant la météo et les saisons... Mais se pose encore la question des visas. Quel casse-tête ! Une autre implication, c'est d'avoir un équipement adapté à des températures pouvant aller de moins 10 à 40 degrés Celsius... Pour la moto, il sera compliqué de l'acheter sur place, il vous faudra certainement envoyer la vôtre et prévoir en avance les transports, notamment dans la zone du Darién.

Vous aurez également besoin de changer vos pneus. Sachant qu'il est déjà fort improbable que des pneus tiennent 25 000 kilomètres, même si toute une partie est faisable en pneus route, dans la cordillère des Andes, vous aurez besoin de pneus adaptés au off-road. Savoir réparer un pneu est donc une nécessité absolue et, plus largement, vous devez avoir acquis la capacité à gérer les imprévus, car soyez-en sûr, il y en aura !

MISE EN JAMBES

En réalité, tout le nord est très abordable ! Tant que vous roulez à la bonne saison, vous pouvez déjà vivre ce bout de Panaméricaine en toute quiétude : c'est l'aventure pour tous ! Si vous êtes un peu givré et avec des pneus à crampons, vous pourriez même parcourir l'Alaska sous la neige depuis votre point de départ, Prudhoe Bay et sa vue plongeante sur la mer de Beaufort. Ces steppes neigeuses sur fond de montagnes blanches vous mènent vers une suite de vallées, puis tranquillement vers le Canada. Après la douane, vous continuez votre route vers le Yukon sauvage et les régions

Grand Prismatic Spring, parc national de Yellowstone

Parc national de Yellowstone

les moins peuplées du pays. Vous suivez les Rocheuses, qui vous guideront à travers la Colombie-Britannique et Alberta pour finalement arriver dans « le pays des libres et le foyer des courageux » !

Toujours entre Rocheuses et Grande Plaine, c'est le méconnu Montana qui vous accueille, avec ses rivières, sa nature préservée caractéristique de la partie septentrionale de l'Amérique et ses sources naturelles appréciées des pêcheurs. Puis vous quittez Big Sky Country pour le Wyoming, l'État le moins peuplé des États-Unis, afin de visiter son joyau : le parc de Yellowstone et ses centaines d'espèces sauvages, ses monts alpins, ses geysers... Plus vous descendez à travers Colorado, Nouveau-Mexique et Texas et plus vous trouvez cet esprit western si typique de notre inconscient collectif. Doucement, le paysage se transforme, les plaines deviennent des déserts arides, les montagnes Rocheuses prennent des teintes orangées, les cours d'eau se transforment en canyons aux gorges impétueuses. L'influence espagnole se fait sentir dans les constructions, et ce voyage vous prépare doucement à traverser le Rio Grande et à entrer dans ce nouveau monde qu'est le Mexique.

La Panaméricaine au Guatemala

LE DÉPAYSEMENT COMMENCE MAINTENANT

Oubliez l'image que vous avez du Mexique, le pays est somptueux ! Quelques précautions sont à prendre au niveau de la sécurité routière et afin de vous protéger face à la criminalité : restez sur les grandes routes et tout se passera bien. La diversité de paysages est à la hauteur de ce pays gigantesque, qu'il s'agisse des plages magnifiques du golfe du Mexique ou de sa côte pacifique, mais également, de ses montagnes. Vous traversez d'ailleurs la cordillère Néovolcanique jusqu'à des pics de 3 000 mètres d'altitude. Les jungles tropicales des Chiapas signalent que vous quittez le territoire aztèque pour celui des Mayas. Alors que vous vous approchez du Guatemala, les routes se dégradent et les mécaniques souffrent. Entre la chaleur saturée d'humidité des forêts tropicales et les volcans à grimper, il faut s'accrocher. Si vous êtes joueur, vous aimerez ce terrain de jeu mirifique. Faites souffrir vos suspensions, voguez

UN OU DES VISAS ?

Imaginons que vous soyez du genre à vous dire : « Tiens, je vais aller faire la Panaméricaine à moto et découvrir le monde ! » Eh bien, tout fou (tout flamme) que vous soyez, il vous faudra un (et même des) visas pour attester que vous êtes bien autorisé à vous balader dans le pays pendant un temps déterminé, puisque vous n'êtes plus dans l'espace économique européen (en partant du principe que vous êtes résident européen).

Tout d'abord et dans tous les cas, il vous faudra un passeport en cours de validité (certains pays exigent même que votre passeport soit valable plusieurs mois après la date prévisionnelle de fin du voyage !). C'est l'autorité compétente du pays en question qui doit vous remettre le visa, souvent par le biais de son ambassade. Celui-ci peut être gratuit ou payant. La durée d'un visa pour tourisme peut aller de quelques jours (dix jours au Turkménistan, par exemple) à trois mois, ce qui est le plus courant.

Si vous décidez de faire un trajet énorme comme la Panaméricaine ou la route de la soie, vous allez vous retrouver confronté à un vrai casse-tête pour que tous vos visas fonctionnent les uns avec les autres. Prenez une feuille de tableur, armez-vous d'une bonne dose de courage et... bonne chance !

La Panaméricaine et les géoglyphes de Palpa, au Pérou

sur la caillasse qui sert parfois de route et admirez ce que la pluie et le soleil font à nos pauvres petites constructions d'humains !

Toujours en équilibre, suivez le fil à travers les plantations de café et les spots de surf du tout petit Salvador puis le sud du Honduras, réputé pour être la partie la plus calme et sûre du pays. Le Nicaragua vous accueille avec ses lacs cyclopéens et annonce l'isthme centraméricain, où la jungle recouvre presque intégralement le Costa Rica et le Panama. Au bout de la route, pas d'autre choix que de s'arrêter. Vous voilà au bouchon de Darién, où la route n'existe plus... Ou plutôt, n'a jamais existé, car il aurait été trop coûteux, sur le plan tant financier qu'environnemental, de construire la centaine de kilomètres manquant à la Panaméricaine. Si vous souhaitez continuer, vous n'aurez pas d'autre choix : charter pour la moto et avion pour vous, à un prix ridiculement élevé.

LA CORDILLÈRE DES ANDES, VOTRE AMIE ET PARTENAIRE

Vous voilà dans la partie la plus farouche de votre pérégrination – et vous avez à peine dépassé la moitié du tracé ! Saluez la cordillère des Andes qui vous souhaite la bienvenue ! Elle est un peu rude, avec ses altitudes désertiques et sèches, mais sous sa rigueur se cache une indescriptible beauté qui saura vous enchanter autant que vous mettre à l'épreuve. Mieux vaut vous en faire une amie, car vous allez suivre ses reliefs accidentés et ses escarpements millénaires sur au moins 1 500 kilomètres et grimper à plus de 3 700 mètres d'altitude en Équateur, alors que vous suivrez la mythique avenue des Volcans. Donc, apprivoisez-vous l'un l'autre, prenez le temps de vous adapter à la raréfaction de l'air et à des amplitudes thermiques d'au moins 15 degrés. D'ailleurs, ne buvez pas d'alcool, prévoyez de vous habiller en mode « pelure d'oignon », et protégez-vous impérativement du soleil ! Au Pérou, vous retrouverez une altitude plus habituelle pour nous autres, ce qui vous permettra de profiter de son exquise côte dont on ne se lasse décidément pas. Malheureusement, une fois la moitié du Chili traversée, il est temps de repartir pour un peu d'escalade du plateau andin afin de traverser le continent de part en part. L'arrivée au pic de Cerro Cabeza del Inca marque votre entrée en Argentine, direction Buenos Aires.

¡Adiós a los Andes, hola al Atlántico! Dernière ligne droite le long de la côte est vers la Terre de Feu et, en son cœur, Ushuaïa, le Graal tant espéré, à travers plus de 2 500 kilomètres de grands espaces. L'arrivée au bout de la Panaméricaine, c'est un triomphe silencieux. Une gloire solitaire. Des émotions indicibles.

OBTENEZ LE TRACÉ GPX

La Panaméricaine longeant l'océan Pacifique à Cañete, Pérou.

Argentine

LA RUTA 40

LA RUTA NACIONAL 40 EST À L'ARGENTINE CE QUE LA ROAD 66 EST AUX ÉTATS-UNIS : UNE LÉGENDE ! TOUTEFOIS, DE GROSSES DIFFÉRENCES SE SONT GLISSÉES ENTRE LES DEUX. SI LA 66 EST UNE ROUTE QUI VOUS TRANSPORTE DANS L'HISTOIRE D'UN PAYS, LA 40 VOUS EMMÈNE À L'AVENTURE DANS DES PAYSAGES DANTESQUES QUI DEMANDENT DE SÉRIEUSES COMPÉTENCES EN PILOTAGE. AU PRIX D'UN RÉEL ENGAGEMENT, C'EST TOUTEFOIS UN VOYAGE SANS ÉQUIVALENT SUR DES PISTES QUI GRIMPENT JUSQU'À 5 000 MÈTRES D'ALTITUDE. COMME UN RITE INITIATIQUE, DES MILLIERS DE KILOMÈTRES S'INSINUENT EN NOUS ET NOUS TRANSFORMENT PROFONDÉMENT. CHAUSSEZ VOS PNEUS À CRAMPONS ET TRANSCENDEZ VOTRE CONDITION D'HUMAIN !

3 MOIS MINIMUM /// **5 080 KM**

La route 40, en Argentine

LA PATAGONIE

La Ruta 40 étant délimitée par deux bornes indiquant le nombre de kilomètres parcourus, décision est prise de la suivre du sud au nord, comme cela semble avoir été prévu. Si la route n'est pas encore totalement goudronnée, que ceux qui craignent les pistes se rassurent : la majorité l'est. De plus, la politique de l'Argentine est de petit à petit viser la couverture complète. Pour la période de visite, sachant que le continent est dans l'hémisphère Sud, novembre à mars semble idéal. En effet, les climats, subtropical en basse altitude et aride en haute montagne, sont plus faciles à gérer durant l'été austral.

Départ, donc, du détroit de Magellan. Plus précisément de la pointe orientale de l'Argentine, au cap des Vierges, sorte de petit bout de bout du monde dont rares sont ceux qui ont vu le bout, hormis quelques manchots et un phare ! Cette piste à travers plaines et collines sèches vous transporte vers le repère de magnifiques et gigantesques condors, et irrémédiablement vers les glaciers immenses du parc national Los Glaciares, où vous aurez la chance de voir le Perito Moreno, un glacier devenu une véritable célébrité mondiale. C'est d'ailleurs potentiellement l'occasion de faire un petit détour vers le Fitz Roy, incroyable pic pyramidal de l'Antarctique chilien.

Le glacier Perito Moreno en Patagonie

Route 40 vers El Chaltén et le mont Fitz Roy, Santa Cruz, Patagonie

LE CUYO

Au fur et à mesure de votre avancée en Patagonie, le paysage verdit alors que vous découvrez les *estancias* et les moutons qui y paissent tranquillement. Graduellement, de nouvelles évolutions du paysage se produisent, puisqu'aux champs d'élevage succèdent de magnifiques lacs cristallins et des forêts tropicales et luxuriantes. C'est dans ces conditions que vous découvrez le magnifique stratovolcan Lanín, dans l'un des vingt parcs nationaux et réserves que la Ruta 40 traverse.

Vous approchez désormais des vignobles de Mendoza, dont la hauteur des cultures, entre 800 et 1 200 mètres, permet de contrebalancer le climat sec et aride. Car le paysage se durcit et est moins verdoyant malgré le magique parc national de Talampaya que vous traversez, dont les falaises rouges en font une destination inoubliable. C'est là que vous aurez la possibilité de voir l'Aconcagua, point culminant des Amériques et de l'hémisphère Sud, à presque 7 000 mètres d'altitude ! À Villa Unión, vous approchez des sites archéologiques et du canyon de Talampaya, autre trésor géologique de la « rivière sèche de la Tala ».

LA MOTO QU'IL VOUS FAUT

La bonne moto, c'est avant tout celle qui vous convient ! Cela dit, au-delà des préférences personnelles qui sont difficilement discutables, il y a quelques points à prendre en considération qui pourraient se révéler intéressants. En effet, tout comme l'équipement, une moto répond souvent à un besoin spécifique. Vous vous en doutez parfaitement, si une R1 est bien plus à l'aise sur circuit qu'une KLE 500, la seconde aura bien plus de chances de vous porter loin à 5 000 mètres d'altitude dans les Andes (mais Sjaak Lucassen a bien fait l'Afrique au guidon d'une Yamaha R1, donc tout est possible !).

Gardez toutefois en tête un principe de base venu de l'ingénierie soviétique : une fabrication simple se répare facilement et fonctionne dans des conditions difficiles. Si vous souhaitez partir à l'aventure avec un grand A, là où les conditions se dégradent sérieusement, vous serez heureux de pouvoir réparer comme MacGyver le moment venu ! Qui plus est, ces systèmes « rustiques » s'avèrent également être les plus résistants et solides face à d'éventuelles chutes, météo aléatoire ou tout autre contretemps que les dieux de la moto pourraient jeter dans vos roues. Les vieux trails des années 1990, qui ont fait les lettres de noblesse du Paris-Dakar, semblent parfaitement adaptés à cet exercice !

Parc national de Talampaya

Quebrada de Las Flechas, entre Cafayate et Cachi, Argentine

Col de Abra de Acay, Salta, Argentine

VOTRE ITINÉRAIRE

OBTENEZ LE TRACÉ GPX

LES ANDES

C'est après cette province que les choses se corsent, puisqu'au lieu de suivre la cordillère des Andes, vous attaquez l'ascension de ses hautes altitudes, l'occasion de saluer les cerfs des Andes et divers marsupiaux endémiques. À partir de Cafayate et jusqu'au bout, à Quiaca, vous n'aurez plus que des étendues désertiques propres à ce territoire aride. Le col de l'Abra del Acay est un passage tout bonnement incroyable qui mélange poussière brune et neige transfigurée par le vent. C'est également le point le plus élevé de votre aventure et le portail qui vous mène aux montagnes Humahuaca et Quebrada dans une suite de tons rouge orangé absolument fabuleux où lamas, guanacos et loups de Magellan vous accompagnent. Pour compléter ce tableau idyllique, les flamants roses du parc national Laguna de Los Pozuelos vous attendent sagement, eux qui aiment autant que vous les conditions extrêmes de ce magnifique pays !

Quebrada de Humahuaca

Bolivie

LA ROUTE DE LA MORT

IL EXISTE PLUSIEURS TYPES DE FOLIE, MAIS SI PARTIR EN ITINÉRANCE PENDANT PLUSIEURS MOIS POUR DÉCOUVRIR LE MONDE EN FAIT DÉFINITIVEMENT PARTIE, CELA N'A TOUTEFOIS RIEN À VOIR AVEC LA FOLIE QUI NOUS OCCUPE AUJOURD'HUI. EN EFFET, SI LA ROUTE DES YUNGAS EST AFFECTUEUSEMENT APPELÉE « ROUTE DE LA MORT », CE N'EST PAS SANS RAISON. À SON APOGÉE, SI ON PEUT L'EXPRIMER AINSI, LE NOMBRE DE VICTIMES ÉTAIT DE 200 À 300 PAR AN… SI CETTE ROUTE EST DÉSORMAIS DEVENUE PLUS TOURISTIQUE, ELLE RESTE DANGEREUSE ET DEMANDE DES COMPÉTENCES EN TERMES DE PILOTAGE. SOYONS CLAIRS : NOUS NE RECOMMANDONS PAS CETTE ROUTE À MOINS D'ÊTRE SÛR DE SOI À 100 % SUR TERRAIN EXTRÊME.

1 JOURNÉE, MAIS QUELLE JOURNÉE !

100 KM

Tombe en bordure de la Route de la Mort

UN PAZ'SÉ TROUBLE !

La Paz ou, plus pompeusement, Nuestra Señora de La Paz, est la capitale de la Bolivie et votre point de départ du jour. Et la paix, ce n'est clairement pas ce que vous aurez en attaquant ce tronçon de route unique au monde. Et unique, il l'est pour plusieurs raisons : déjà, peu de routes peuvent se targuer comme celle-ci d'avoir été la plus dangereuse du monde ; ensuite, après avoir culminé à 4 600 mètres d'altitude, vous allez entamer une descente longue de plus de 60 kilomètres avec un dénivelé négatif de 3 600 mètres.
Rassurez-vous toutefois, la première partie du trajet n'est pas si différente des autres routes du pays, grâce à une nouvelle voie qui contourne la piste originelle, mais aussi à la réfection et au goudronnage d'une grande portion du chemin emprunté à l'époque. Aussi, hormis les pièges habituels, vous pouvez entamer ce tracé les yeux fermés (au sens figuré seulement !).
La beauté inhérente à ces lieux contraste fortement avec l'histoire du « Camino de la Muerte », construit à partir de 1932 par des prisonniers paraguayens après la guerre du Chaco. Cette route est l'une des seules qui relient le nord du

pays à La Paz. La réfection a été entamée en 2006 à la suite de différents accidents (symbolisés par d'omniprésentes croix sur le bord du trajet) qui ont laissé des traces dans les esprits du monde entier, certains bus ayant parfois entraîné leur centaine de pauvres passagers quelque 400 mètres plus bas...

C'est en quittant la fourmilière qu'est La Paz que vous atteignez d'ailleurs le point culminant de cette odyssée, à 25 kilomètres de la capitale et au col de La Cumbre, à une hauteur avoisinant les 4 665 mètres et offrant un panorama sublime. Dès lors, vous attaquerez une descente qui va durer un temps infini, serpentant de manière très agréable le long des massifs andins, jusqu'au détour d'un petit carrefour qui ne paie pas de mine...

LE DANGER À TOUS LES ÉTAGES

Devant ce très sobre panneau où il est noté en anglais et en espagnol « Bienvenue sur la route de la Mort », peut-être vous demanderez-vous si c'était une si bonne idée de vous engager sur ce tronçon dont la qualification de « défoncé » est un euphémisme et la dénomination de « piste », une litote.

En plus de l'absence d'asphalte, le sens de la route est inversé. Il vous faudra donc rouler du côté gauche (avec le vide à côté de vous...) afin de laisser les véhicules qui montent manœuvrer en sécurité. Ajoutez à cela les variations de climat, une saison des pluies qui est pour le moins diluvienne et qui fragilise les accotements, des nuages et du brouillard qui atténuent grandement la visibilité : le Camino a los Yungas saura mettre vos nerfs à rude épreuve. Étroit, escarpé, glissant, poussiéreux, boueux... ce terrain ne tolère aucune erreur, et il vous faudra respecter scrupuleusement toutes les consignes de sécurité afin de profiter d'une route sauvage qui prendra aux tripes les amoureux de motocross et d'aventure et que l'on ne trouve nulle part ailleurs !

Motard passant le col de la Cumbre, à une altitude de 4 700 m

VOTRE ITINÉRAIRE

OBTENEZ LE TRACÉ GPX

LES CONSOMMABLES À EMPORTER

Outre les outils et les pièces qu'il est judicieux d'emporter, il y a des consommables qui trouveront une place légitime dans votre barda. Ceux-ci rempliront généralement l'objectif de vous dépanner en cas de « grosse galère », comme on dit chez les personnes avisées.

Évidemment, on ne le répétera jamais assez, mais le kit de mèche pour crevaison est indispensable.

Puis on ne saura que trop vous conseiller d'avoir un tube de soudure à froid, qui sera idéal afin de réparer de manière urgente vos pièces métalliques. L'idée, ici, est de colmater des fissures et d'assurer une étanchéité afin de rejoindre un lieu où vous pourrez faire une réparation plus sérieuse. Les colliers de serrage, connus sous le nom de « Rislan », seront aussi pratiques que le scotch américain que vous ne manquerez pas d'emporter ! Pour compléter cette Sainte Trinité du système D, le fil de fer reste parfait pour improviser une réparation de fortune. La graisse pour votre chaîne est indispensable, d'autant plus en milieu « hostile » lorsque vous partez à l'aventure.

Enfin, quelques fusibles de rechange (vérifiez votre faisceau électrique pour voir de quoi vous aurez besoin) et de l'huile moteur compléteront de manière adéquate ce beau tableau du baroudeur averti, celui qui transforme un imprévu majeur en une simple pause.

La route de la Mort entre La Paz et Coroico Yolosa

Le col de La Cumbre, au sommet de la route de la Mort

Brésil

LA ROUTE TRANS-AMAZONIENNE

TRAVERSANT D'EST EN OUEST L'IMMENSITÉ DU BRÉSIL (SOIT PRÈS DE LA MOITIÉ DE L'AMÉRIQUE DU SUD !), LA ROUTE TRANSAMAZONIENNE (BR-230) AVAIT POUR PROJET DE RELIER LE NORD-EST DU PAYS AVEC LES PAYS VOISINS QUE SONT LA COLOMBIE, LE PÉROU ET L'ÉQUATEUR. SI ELLE N'A JAMAIS ÉTÉ RÉELLEMENT TERMINÉE, CE SONT TOUT DE MÊME PLUS DE 4 200 KILOMÈTRES QUI SONT (PLUS OU MOINS) PRATICABLES À TRAVERS LA CÔTE SURPEUPLÉE DU PAYS, MAIS ÉGALEMENT, ET SURTOUT, LA FORÊT AMAZONIENNE ! POUR ATTEINDRE LE DERNIER TRONÇON À LA FRONTIÈRE, IL VOUS FAUDRA TOUTEFOIS RÉUSSIR À TRANSPERCER L'IMPÉNÉTRABLE JUNGLE. DONC ARMEZ-VOUS DE VOTRE PASSEPORT, D'UNE MACHETTE, DE VOTRE COURAGE, ET N'OUBLIEZ PAS VOS VACCINS POUR VOUS LANCER DANS CETTE AVENTURE DES PLUS EXTRÊMES !

20 JOURS /// **4 200 À 4 800 KM**

LES PRÉPARATIFS

Avant de partir sur les chapeaux « deux-roues », préparez bien votre trajet. La saison des pluies rendant la piste totalement impraticable, le mieux sera de partir entre juillet et octobre, pendant la saison sèche. Le revêtement de la route oscille entre asphalte en état correct et piste de boue absolument impossible à traverser, en passant par tous les états intermédiaires, dont le « Mais où est la route, maintenant que la forêt tropicale a repris ses droits ? » Vous l'aurez compris, la Transamazonienne est presque devenue une vue de l'esprit plutôt qu'un itinéraire réel. Il faut dire que son entretien a été par endroits relégué au rang d'idée à remettre au lendemain. D'ailleurs, le chemin est parfois tellement dégradé que vous atteindrez difficilement les 10 km/h, avec des pics de consommation affreusement élevés. Ces informations devraient vous inviter à considérer le choix de la moto la plus légère possible, les locaux la parcourant plutôt en 125 centimètres cubes. Cela signifie également qu'il vous faudra planifier de manière très précautionneuse vos arrêts, afin d'être sûr d'avoir assez d'essence, d'eau, de vivres, ainsi qu'un abri en sécurité pour la nuit. Car si l'Amazonie est absolument sublime, elle regorge également de jaguars et de boas qui pourraient s'avérer légèrement plus impressionnants que votre chat ou l'iguane indolent de votre neveu bizarre. Si c'est trop pour vous (ou que vous avez toute votre tête), vous pouvez toujours envisager d'emprunter la BR-101 qui reste magnifique et, surtout, qui vous permettra de rester en sécurité tout du long.

Tronçon de la route transamazonienne au Brésil

Vue aérienne du fleuve Amazone

LE POUMON DE LA PLANÈTE

La borne 0 de ce trajet qui ne connaît pas de fin (car jamais terminé) se trouve tout au bout de la presqu'île de Cabadelo, sur le port dont le soleil ne tanne pas la blancheur. La partie orientale du tracé ne pose pas de problème, à travers João Pessoa et les différentes cultures des plaines agricoles, car tout ce tronçon a été dédoublé et est très emprunté. C'est tout doucement, alors que la densité de population décline, que la magie opère. La deux-voies devient une voie simple, puis, peu après la ville de Medicilândia, l'asphalte finit par disparaître sous une piste ocre alors que la végétation prend des proportions inattendues. Il n'y a alors plus que quelques kilomètres avant d'entrer réellement dans le Parque nacional de Amazônia.

Terminées, les lignes droites ! En traversant le rio Tapajós, vous entrez dans un autre univers : celui de la plus grande réserve de biodiversité au monde. Pour votre sécurité, restez bien au centre de la piste et faites extrêmement attention lorsque vous croisez un autre véhicule, les abords du chemin sont très piégeux. Vous aurez tout le loisir d'admirer

Jaguar dans la jungle amazonienne

Boa constricteur

les contrastes saisissants du ciel, de la forêt luxuriante, des affluents du fleuve Amazone et de la piste qui s'étend encore sur plus de 1 000 kilomètres devant vous. En territoire de peuples indigènes, vous aurez parfois à traverser les rivières sur de petites embarcations qui défient les lois de la physique pour vous emmener à bon port. L'occasion d'admirer cette fabuleuse forêt tropicale dont les 7,3 millions de kilomètres carrés sont l'une des fondations de la vie sur terre. En arrivant à Lábrea, votre itinéraire se termine (sauf à continuer avec une machette !) avec la fin officielle de la route et en plein cœur de la deuxième plus grande forêt au monde. Profitez de ce lieu car dans la chaleur étouffante du « poumon de la planète », les rencontres sont toujours incroyables, qu'elles soient humaines, animales ou végétales !

ENLAIDIR SA MOTO

Alors, quand on vous dit d'enlaidir votre moto, on ne veut pas dire que vous devez volontairement la rendre affreuse (quoique...), mais plutôt que vous devez privilégier votre confort plutôt que l'esthétique du baroudeur cinématographique. Si vous allez faire une balade de quelques heures à dos de GS rutilante full équipée avec l'ensemble BMW Signature, on ne vous en voudra évidemment pas. Toutefois, lorsqu'on part longtemps et dans des conditions difficiles, chaque petit ajustement vous apportant ne serait-ce qu'une once de confort fera une différence énorme à l'arrivée pour votre fatigue mentale et corporelle.

Cela signifie que la bavette sale qui évite d'envoyer de l'eau et de la boue dans vos chaussures n'est plus un « fashion faux pas » mais une bénédiction ! Avoir les protections du moteur, pare-carters adéquats et grilles de protection aux projections pour les feux et autres devient nécessaire. Et attention, on parle de protections efficaces, pas juste de celles qui font la décoration ! Dans le genre laid, la bulle haute et surtout les manchons auront un impact énorme sur votre fatigue et votre confort et sont vraiment des incontournables.

Enfin, même si la moto attire tout de suite la sympathie, que l'humain est globalement désireux d'aider son prochain et que beaucoup de pays ont une culture de l'accueil absolument incroyable, il reste un biais à prendre en compte : plus vous roulerez avec une moto qui sent la débrouille et moins vous étalerez vos richesses (à titre de comparaison, le SMIC français est plus de trois plus élevé que le salaire moyen en Équateur), plus les personnes autour de vous auront naturellement envie de vous aider.

Coucher de soleil dans la forêt amazonienne

VOTRE ITINÉRAIRE

OBTENEZ LE TRACÉ GPX

Chili

LA CARRETERA AUSTRAL

ENTAMÉE EN 1976 SOUS LE RÉGIME DE PINOCHET, LA CARRETERA AUSTRAL (HUMBLEMENT APPELÉE « CARRETERA GENERAL AUGUSTO PINOCHET » À L'ÉPOQUE) VISAIT À RELIER LES RÉGIONS DU SUD DU PAYS QUI ÉTAIENT COUPÉES DU RESTE DU CHILI. LA CONSTRUCTION DE CETTE ROUTE A ÉTÉ EXTRÊMEMENT COMPLIQUÉE CAR IL A FALLU TROUVER ET CRÉER DES VOIES (PARFOIS À LA DYNAMITE) À TRAVERS FJORDS, MONTAGNES, GLACIERS, COLS, ETC. C'EST TOUTEFOIS CES MÊMES RAISONS QUI FONT DE LA RUTA 7 L'UNE DES PLUS BELLES, SINON LA PLUS BELLE, D'AMÉRIQUE DU SUD, MAIS AUSSI L'UNE DES PLUS DURES ET ÉPROUVANTES, AVEC SON ÉTAT PARFOIS AUSSI SAUVAGE QUE LES PAYSAGES QU'ELLE TRAVERSE. PNEUS À CRAMPONS OBLIGATOIRES !

10 JOURS /// **1 200 KM**

AU REVOIR CIVILISATION...

Si vous avez aimé le trajet qu'on vous a proposé sur la Panaméricaine, vous risquez d'apprécier celui-ci puisqu'il s'agit de l'une de ses prolongations possibles : au lieu de prendre la direction de l'Argentine, vous partez vers le sud, sur la façade ouest. Au départ de Puerto Montt, où la cordillère des Andes semble presque un lointain souvenir, la Patagonie, cette région du sud du continent, vous ouvre ses portes luxuriantes, aux paysages divers et fabuleux. Le parc de Pumalín est le premier des 18 parcs nationaux et réserves que vous traverserez. Vous êtes dans la région des forêts tempérées, des lacs, des cascades et des arbres millénaires dont l'immensité fera s'écarquiller les yeux des voyageurs. L'une des particularités amusantes de ce trajet, c'est de devoir embarquer dans des bateaux afin de pouvoir continuer votre chemin (n'oubliez pas de réserver avant !). Autant vous y habituer, car c'est un exercice qui se répétera tout du long, ce qui n'est pas surprenant au vu de la topologie accidentée de la zone et qui s'avère de plus en plus vrai à l'approche du détroit de Magellan. Pensez d'ailleurs bien à vous ravitailler, car plus vous vous approcherez du pôle Sud et moins nombreux seront les villes, les stations-essence, les magasins... ou tout simplement d'autres humains (on parle ici d'une densité de moins d'un habitant au kilomètre carré).

Forêt tropicale près de la Carretera Austral

Sur la Carretera Austral chilienne

BONJOUR NATURE SAUVAGE !

Mais c'est aussi à l'occasion de cette descente que vous approchez des fjords qui composent cette partie de la Patagonie ainsi que des glaciers assez typiques de la région. Tout en gardant un nombre impressionnant et incalculable de lacs somptueux, rivières diaphanes et forêts au vert éternel, le décor change : s'y ajoutent désormais les monts aux neiges éternelles. Aller visiter quelques-uns des parcs nationaux est une obligation pour qui aime la nature – on vous conseille les Parcs Cerro Castillo et Queulat qui sont un peu chers mais absolument sublimes.

La région de Magellan vous renvoie un peu en altitude avec quelques monts et cols qui enrichissent encore davantage cette expérience protéiforme. Là-bas, impossible d'éviter les Capillas del Marmol, sur le lac General Carrera, où un bateau vous emmènera voir ces « cathédrales de marbre » dominant de toute leur beauté le deuxième plus grand lac d'Amérique du Sud après le Titicaca. Depuis le bateau ou sur la route, le panorama est grandiose et n'en finit jamais. Plus vous avancez, plus les anciennes vallées glaciaires prennent leurs aises et moins la trace de l'homme est visible dans cette nature indomptée et indomptable.

C'est tout au bout de la route, à Caleta Tortel, que se termine votre périple. Dans ce petit village, les constructions jouent parfaitement avec le flanc de colline et la baie où il est en symbiose. Vous voilà au bout du monde !

L'Océan Pacifique, vu de la Carretera Austral

QUELLES PIÈCES DE RECHANGE FAUT-IL PRENDRE ?

L'incontournable, le numéro 1, c'est le kit mèche pour les crevaisons. Avant de penser pièces, il faudra veiller aux outils nécessaires afin de pouvoir agir sur les différents éléments de votre machine et faire un entretien au besoin. Prenez le strict minimum : de manière générale, les têtes sont standardisées et il ne vous faudra que peu d'outils pour arriver à vos fins.

Pour un gros voyage, il faudra envisager d'emmener un filtre à air de rechange (notamment sur un périple poussiéreux) mais aussi un filtre à huile. En cas de chute, si on peut se débrouiller sans cale-pieds, c'est toutefois beaucoup plus difficile de se passer de levier de frein et d'embrayage, prévoyez-en donc d'avance. Les joints spis sont essentiels afin de garder votre fourche en bon état de fonctionnement, emporter un change n'est donc pas superflu.

Quant à la chaîne, on a tendance à conseiller de changer le kit complet lorsqu'il est usé, car les pièces apprennent à travailler ensemble et cela évite une usure prématurée. Toutefois, dans le cas où votre poids d'emport est limité (eh oui, c'est lourd une chaîne !), nous vous conseillons de ne prendre qu'un PSB (pignon de sortie de boîte) de rechange, qui est plus petit, tourne plus vite et s'use plus vite. En fonction des particularités et faiblesses de votre moto, cette liste est peut-être à compléter...

VOTRE ITINÉRAIRE

OBTENEZ LE TRACÉ GPX

Village de Caleta Tortel au Chili

Vue aérienne de la Carretera Austral à travers les montagnes

Chili/Bolivie

TOUT LE SEL DU DÉSERT

LE SALAR D'UYUNI, C'EST UN PEU COMME LE LAC DE BONNEVILLE, UN LIEU MYTHIQUE DONT LES IMAGES RESTENT INCRUSTÉES DANS LES YEUX DES MOTARDS AVIDES D'EXPÉDITIONS ET D'AVENTURES ! CETTE IMMENSE PLAINE SALINE DONT L'ARIDITÉ NE CONVIENT QU'AUX ANIMAUX LES PLUS EXTRÊMOPHILES – ET LES MOTARDS FOUS DE RECORDS DE VITESSE EN FONT NÉCESSAIREMENT PARTIE – EST L'OBJET D'UNE QUÊTE QUI DONNE DE BONNES EXCUSES POUR VISITER LES BEAUTÉS ALENTOUR, À COMMENCER PAR LE DÉSERT D'ATACAMA !

8 JOURS /// **1 100 KM**

Montagnes volcaniques surplombant le lac bleu dans le désert d'Atacama

DANS LE DÉSERT D'ATACAMA

La simple évocation du désert d'Atacama, hyper aride, résonne comme une épopée et ceux qui s'y aventurent le font avec la sagesse du voyageur aguerri ainsi qu'une bonne réserve d'eau. En effet, la gourde, le sac d'hydratation et les bouteilles d'eau ne sont surtout pas à oublier, car certains secteurs de cet espace sont parfois privés de précipitations pendant plus de cinquante ans ! Départ d'Antofagasta, au niveau de la mer, pour une grosse dose de sable bien sec et de couleurs chaudes qui répondent au bleu du ciel. Il n'y a pas réellement de meilleur moment pour faire ce trajet, pensez juste à prendre une visière fumée ou des lunettes de soleil pour lutter contre la très forte intensité lumineuse et gardez en tête que les températures peuvent passer de 30 degrés dans la journée à moins 15 dans la nuit !

Toutefois, ce climat et ces particularités thermiques et hydriques présentent d'autres avantages, comme de proposer des nuits étoilées incroyables et loin de toute pollution lumineuse. N'hésitez d'ailleurs pas à profiter de votre passage à San Pedro de Atacama pour contempler ce petit miracle de l'Univers, à distance des hommes et de leur impact lumineux ! Avant cela, vous parcourerez toutefois une longue route qui vous fera grimper doucement mais sûrement jusqu'à la ville de Calama, mais surtout, jusqu'aux sublimes geysers d'El Tatio. Perchés à environ 4 300 mètres d'altitude, ces quelque 80 geysers sont situés au pied des volcans Linzor et Tatio, en plein cœur de la cordillère des Andes. Vous pourrez ainsi observer une des plus belles zones géothermales du monde.

Champ de geysers El Tatio dans la région d'Atacama

Salar d'Uyuni en Bolivie, le plus grand désert de sel au monde

LE SALAR D'UYUNI

À l'approche de la Bolivie, sur la B-243, autrement appelée « Paso Hito Cajon », vous êtes engagé sur une piste que l'on peut difficilement nommer « route » et qui monte parfois à plus de 5 000 mètres d'altitude. Ce passage est considéré comme l'une des voies les plus difficiles du monde, et il vous faudra avoir de l'essence en réserve et des nerfs en acier trempé afin d'atteindre la petite cahute qui sert de douane et de continuer votre chemin vers votre objectif. L'effort sera toutefois récompensé, car vous aurez non seulement la chance de voir les lacs salés (qui sont en réalité des déserts de sel) mais également les vrais lacs de cette zone, qui s'entremêlent joyeusement dans leur écrin désertique. Préparez bien votre voyage en amont, les villes, stations-essence et hôtels sont peu nombreux dans cette partie du monde et les conditions de bivouac sont difficiles. Une fois la frontière passée, il vous reste encore 350 kilomètres avant ce qu'on pourrait appeler « mer salée » plutôt que « lac salé ».

Le Salar de Uyuni est le plus grand désert de sel du monde. Une entité surprenante, comme une sorte de métamorphe dont les bordures sont continuellement changeantes. L'évaporation élevée de cette zone a emprisonné les différents

Lac de sel dans le salar d'Uyuni

sels qui forment les 100 à 150 kilomètres de large de ce lieu unique. Imaginez seulement : un océan à la surface desséchée et d'un blanc immaculé, dont les hexagones de sel contrastent avec les reflets rouges du soleil sur les montagnes lointaines et un ciel inlassablement bleu. Rouler en ce lieu provoque immédiatement un sentiment incommensurable de liberté. La magnificence du paysage n'a aucun équivalent : c'est irrémédiablement une expérience incroyable qui vous ramène à la flamboyante et simple beauté de ce monde.

La réalité vous rattrape cependant en arrivant dans la ville d'Uyuni, car il faudra absolument nettoyer très rapidement votre moto, sous peine d'une oxydation immédiate de ses composants. N'est-ce toutefois pas un prix bien négligeable à payer pour une expérience qui relève presque du divin ?

Moto sur le salar d'Uyuni

CONNAÎTRE SA MOTO SUR LE BOUT DES DOIGTS

La majorité des pépins que l'on rencontre en cours de route peuvent être résolus avec un peu d'huile de coude, de débrouille et surtout de connaissances de base en mécanique. Bien sûr, on ne vous demande pas de réaliser un cylindre, mais de savoir réparer une crevaison, changer un câble ou un levier d'embrayage ou de vitesse, colmater une fuite... c'est le minimum nécessaire. Qui plus est, vous éprouverez une satisfaction supplémentaire de gérer vous-même ces quelques épines dans le pneu ! Cela signifie qu'il faut s'y mettre, tester les outils et apprendre à les utiliser. Beaucoup de très bons tutos sont disponibles en ligne et il existe aussi des ateliers pour apprendre avec des professionnels. Pourquoi ne pas commencer par faire vos entretiens périodiques vous-même ? Reste l'aspect connaissance de la moto, de ses réactions, etc. Pour cela, pas de solution miracle, il faut rouler !

OBTENEZ LE TRACÉ GPX

Angleterre

THE CAT AND THE FIDDLE ROAD

« HEY, DIDDLE DIDDLE, THE CAT AND THE FIDDLE. » SI CETTE FOIS, LA VACHE NE SAUTERA PAS AU-DESSUS DE LA LUNE COMME DANS CETTE CÉLÈBRE COMPTINE ANGLAISE, ELLE POURRAIT TOUTEFOIS SE TROUVER EN PLEIN SUR VOTRE ROUTE ALORS QUE VOUS TRAVERSEZ LA BUCOLIQUE CAMPAGNE « SO BRITISH » ! CELA AJOUTE SANS CONTESTE DU DANGER ET DE L'AVENTURE À UNE ROUTE QUI EST DÉJÀ CONNUE COMME L'UNE DES PLUS DANGEREUSES DES « YOU KAY ».

30 MINUTES /// 20 KM

DANGEREUSE, MAIS PAS QUE...

Heureusement, des radars, des policiers et des policiers cachés avec des radars sont là pour s'assurer que vos ardeurs soient promptement calmées. Cela aura deux effets positifs : premièrement, vous maintenir en vie, ce qui est plutôt une bonne idée au vu des 44 accidents graves et/ou mortels que la route a connus entre 2007 et 2011, dont 70 % des victimes étaient des motards. Deuxièmement, vous donner le temps de profiter de cette courte route pourtant si connue au pays de la jelly. Car, si la Cat and the Fiddle Road est si connue, c'est pour une bonne raison : sa beauté légendaire et ses paysages à couper le souffle. Si l'altitude ne semble pas effarante, on parle de 503 mètres de dénivelé positif seulement, les pentes peuvent toutefois aller jusqu'à 8 % d'inclinaison. À cela s'ajoutent des suites de longs virages qui permettent de profiter agréablement de la capacité de vos pneus à pencher. Vous l'aurez compris, cela rend la route relativement sensationnelle en termes de « retournement d'estomac », ce qui ne facilite pas la contemplation des longs vallonnements qui s'étalent alentour.

MY DEAR, WHAT A BEAUTY!

Et pourtant, les différents passages et alternances entre la nouvelle et l'ancienne route nourrissent l'aspect délicatement champêtre des paysages et devraient inviter à en profiter.

La route A537 depuis le sommet de Shining Tor

La route The Cat and Fiddle Road qui serpente à l'horizon

Faites-nous donc confiance et suivez nos conseils : roulez tranquillement et admirer les dégradés de vert d'une Angleterre que vous n'imaginiez pas si coquette. En plein cœur de ce paysage idyllique, votre petit bout de chemin laisse difficilement passer deux véhicules et se trouve parfois trempé d'une pluie qui n'existe que chez nos voisins d'outre-Manche. Coquet, on vous dit ! Aux abords de cette route, des petits murs de pierre la délimitent. Et au-delà de ces murets des étendues d'herbe tenant compagnie à des moutons hagards. Plus loin encore, des collines qui redéfinissent l'horizon selon des plans concoctés il y a des millions d'années.

Arrivé au sommet, vous trouverez le Cat and Fiddle Inn, un humble pub qui a ouvert en 1813 et qui a donné son nom à la route. Après une fermeture en 2015, il est désormais devenu une distillerie et un bar sympathique qui mériterait presque le détour à lui seul, tant il fait partie du paysage. Après avoir bu un petit verre rafraîchissant et en étant resté très raisonnable (on vous rappelle que cette route possède des statistiques relativement morbides), vous pourrez repartir vers Macclesfield ou Buxton, selon que vous aurez choisi de rouler d'ouest en est ou l'inverse. Ce petit coin perdu de l'Angleterre sera certainement une bonne occasion pour aller visiter les alentours, le Peak District regorgeant de beaucoup d'autres routes sinueuses et de panoramas sublimes pour qui sait chercher un peu !

L'ASSURANCE MOTO

Si vous êtes résident européen, sachez que l'immense majorité des polices d'assurance pour moto vous couvrent en cas de sinistre sur le territoire européen ainsi que dans quelques pays proches, comme le Royaume-Uni et la Suisse. Dans la limite de la formule que vous avez choisie, bien évidemment.

Là où cela se complique, c'est lorsque l'on sort de ce cadre rassurant. Certaines compagnies peuvent vous assurer dans d'autres pays. Les conditions peuvent varier énormément, notamment en termes de durée, certaines ne donnant pas de limites de temps, d'autres quatre-vingt-dix jours consécutifs… Ces informations étaient autrefois notées sur la carte verte, mais avec sa disparition, le mieux sera désormais de vérifier directement dans votre contrat les libertés que votre couverture vous offre.

Dans certains pays, comme le Kosovo ou le Pérou, il vous faudra prendre une assurance spécifique en arrivant dans le pays ou via Internet, en fonction du type de véhicule. Dans d'autres, tels que la Bolivie, l'assurance n'est pas obligatoire. On ne peut cependant que vous conseiller de manière très insistante d'en prendre une !!! Il est d'ailleurs possible de prendre une assurance qui couvre tout le Mercosur.

L'assurance voyageur est également nécessaire en cas de souci, car à l'autre bout du monde, vous en rencontrerez, c'est certain. Être aventurier ne veut pas dire être téméraire : beaucoup de formules existent afin de s'adapter au mieux à tous les profils et tous les besoins.

Les belles couleurs de la campagne anglaise

VOTRE ITINÉRAIRE

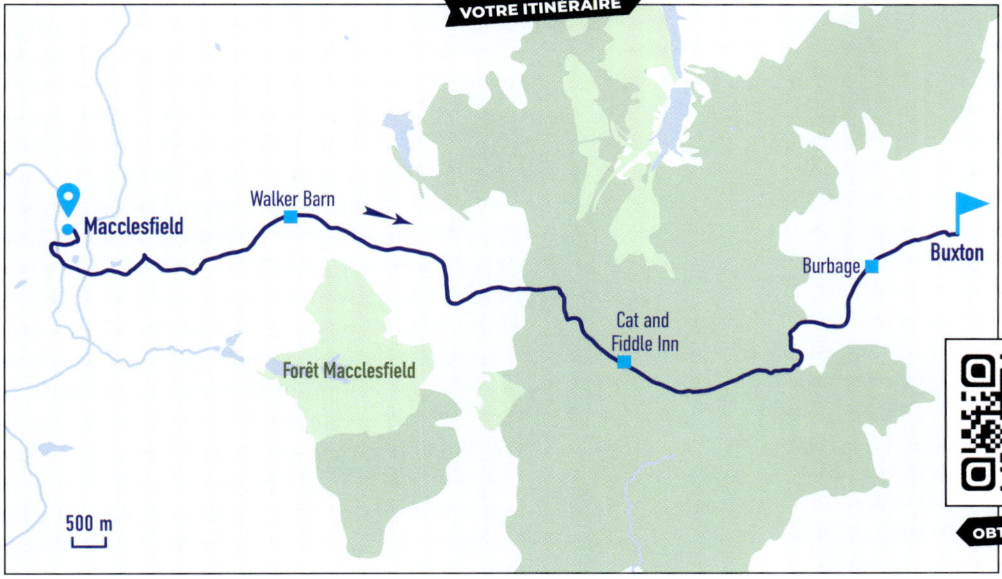

OBTENEZ LE TRACÉ GPX

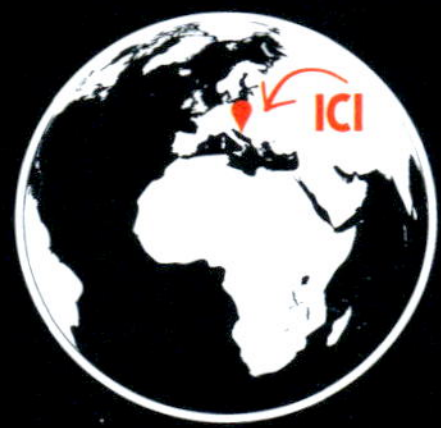

Croatie

LA ROUTE LIKA

LA CROATIE, SES PLAGES PARADISIAQUES ET SES STATIONS BALNÉAIRES RAPPELANT IBIZA, BORDÉES PAR LES EAUX AZUR DE L'ADRIATIQUE, LE SOLEIL ÉCLATANT QUI BAIGNE LES DESTINATIONS TOURISTIQUES ET LES FLUX INCESSANTS DE VOYAGEURS… MAIS LA CROATIE, CE N'EST PAS SEULEMENT CELA : BIEN LOIN DES CÔTES BONDÉES EN ÉTÉ SE TROUVE UNE CROATIE PLUS AUTHENTIQUE, PLUS ANCRÉE DANS LA TRADITION, OÙ LE LIEN AVEC LA NATURE ENVIRONNANTE RESTE INTACT. C'EST CETTE EXPLORATION QUE NOUS VOUS PROPOSONS AUJOURD'HUI, EN VOUS ÉLOIGNANT DE LA MAGNIFIQUE CÔTE POUR DÉCOUVRIR LES TRÉSORS CACHÉS DE LA CROATIE MONTAGNARDE, DE SA RURALITÉ, ET DE TOUTES LES POSSIBILITÉS QU'ELLE VOUS OFFRE.

2 H 30 /// 120 KM

DÉPART DE SENJ

Née vers le IVe siècle avant J.-C., Senj (prononcé « saigne ») se niche au bord de la splendide mer Adriatique, adossée au pied du col de Vratnik, un passage magnifique entre le Velebit et les montagnes du Gorski Kotar. Malgré son nom peu rassurant, cette cité antique enchanteresse dégage une atmosphère méditerranéenne avec ses bâtisses blanches aux toits de tuiles ocre. Depuis le port et les plages ensoleillées, propices à la flânerie et à la baignade, vous apercevrez la forteresse Nehaj. Érigée en 1558 sur la colline éponyme, celle-ci fut construite de manière surprenante avec des matériaux récupérés des églises, monastères et maisons situés en périphérie de la ville. Désormais transformée en musée, cette place forte qui servit à protéger le pays des invasions ottomanes offre une vue imprenable sur la ville et son environnement immédiat, notamment les îles de Cres, Goli, Krk, Prvić et Rab.

En quittant la cité, vous parcourez une dizaine de kilomètres sur la célèbre route côtière, avec une vue saisissante sur la jetée. L'attrait particulier de cet endroit réside dans son emplacement entre montagne et mer, et en arrivant à Sveti Juraj, vous troquez les embruns iodés pour l'air vivifiant des monts du Velebit.

LE PARC DU VELEBIT ET SES MONTAGNES

Le parc national de Sjeverni Velebit (Velebit Nord) se distingue comme le cadet des parcs nationaux de Croatie. Niché au cœur du massif éponyme, partie intégrante des Alpes dinariques, il regorge d'une biodiversité exceptionnelle préservée

Vue aérienne des lacs de Plitvice

Panorama de la ville de Senj, forteresse de Primorje en arrière-plan

grâce à la relativement faible pollution du pays. Lynx, loups, chamois, et surtout ours bruns européens y trouvent refuge, coexistant harmonieusement avec les habitants. Parcourant les routes sinueuses du parc, vous serez enchanté par les vastes étendues de sapins, ponctuées çà et là par des espèces végétales adaptées à la haute montagne comme l'edelweiss. Votre périple vous mènera ensuite au village de Krasno, réputé pour son délicieux fromage local, même s'il peut sembler un peu fade aux palais français. Ce village attire également les visiteurs pour son église perchée au sommet de la montagne, destination accessible par une route tortueuse où des milliers de pèlerins se rendent chaque 15 août pour la Sainte-Marie. Vous pourrez y savourer une bière Velebitsko (avec modération bien évidemment) tout en contemplant le panorama grandiose.

Ce vaste plateau karstique, sillonné de routes correctement entretenues, constitue un terrain de jeu idéal pour les amateurs de deux-roues. Cependant, n'oublions pas que nos actions influent sur la nature ; il est donc primordial de respecter l'intégrité de ces lieux préservés.

Forêt de Plitvice

PLITVIČKA JEZERA

Pour achever ce périple en beauté, nous vous réservons une expérience inoubliable dans le parc national de Plitvička Jezera, le plus ancien et le plus vaste de Croatie, mais également le plus renommé. Traverser les routes sinueuses et prendre les nombreux virages qui vous séparent de ce joyau ne saurait vous effrayer, nous en sommes convaincus. Une fois sur place, sur le plan logistique, les choses se compliquent. L'espace pour entreposer et protéger vos affaires est limité, et se promener dans le parc avec tout son équipement peut être un véritable défi. L'option de laisser vos effets dans votre logement à proximité et de n'emporter que le strict nécessaire dans le top-case peut être la solution salvatrice. Une fois ces considérations pratiques mises de côté, il ne vous reste plus qu'à vous émerveiller devant cette étendue de près de 30 000 hectares !

La particularité de ce site réside dans l'eau d'un bleu turquoise cristallin qui, en traversant les roches calcaires et dolomitiques, transporte des sédiments formant des barrages de travertin. Ces formations naturelles créent une série de lacs qui s'étalent devant vous, ainsi que des grottes et des cascades qui contribuent à la splendeur de cet endroit. Niché au cœur d'une forêt luxuriante, le site offre une multitude de sentiers à explorer et autant de possibilités de découverte, sans même parler des activités proposées pendant la haute saison. Ce sanctuaire de conservation jouit d'une popularité bien méritée, et une chose est certaine : il restera gravé dans votre mémoire.

LA GARANTIE INDIVIDUELLE PILOTE

La garantie individuelle pour le pilote, c'est le petit plus qui peut faire toute la différence. Si vous n'avez pas pris cette option avec votre assurance, voici quelques informations supplémentaires qui vous permettront de faire votre choix en toute connaissance de cause.

Cette couverture est avant tout une protection financière en cas d'accident, pour vous ou votre famille, ce qui est un point qu'il ne faut malheureusement pas ignorer en moto, au vu des risques particuliers que cette passion fait encourir (d'autant plus à l'étranger, sur un terrain potentiellement plus dangereux qu'à la maison !).

Contrairement à la responsabilité civile, cette protection vise le conducteur lui-même en cas de blessure corporelle, ce qui implique que la notion de responsabilité est exclue : même en cas d'accident responsable, vous serez couvert. Cette garantie peut aider à couvrir les frais médicaux, vous garantir un complément de salaire si vous ne pouvez pas travailler ou servir d'assurance vie pour votre famille dans les cas les plus graves (ce qu'on ne souhaite à personne, évidemment !).

OBTENEZ LE TRACÉ GPX

Vue panoramique des magnifiques cascades de Plitvice

Écosse

LET THE SKYE FALL

L'ÎLE DE SKYE, VASTE PÉNINSULE DES HÉBRIDES INTÉRIEURES, AU LARGE DE LA CÔTE OUEST DE L'ÉCOSSE, EST RÉPUTÉE POUR SES PAYSAGES MERVEILLEUX ! NATURE SAUVAGE, VERDURE SINGULIÈRE, FALAISES À PIC SUR UNE MER D'UN BLEU-GRIS RENVERSANT… CHAQUE PARCELLE DE CE VOYAGE VOUS LAISSERA UNE TRACE INDÉLÉBILE.

2 H 30 /// 120 KM

Les montagnes Cuillin surplombant le Loch Slapin.

AU SUD DU CIEL

Depuis l'intérieur des Highlands, franchir le pont de Skye s'avère être la traversée d'un portail vers un nouveau monde : l'île de Skye… Même si le charme écossais, avec ses routes au revêtement aléatoire et ses moutons au milieu du passage, opère également ici. Bien que l'A87 soit en bon état, vous en éloigner vous replongera dans un univers de voies étroites et parfois dégradées, où les rencontres fortuites avec les habitants locaux sont monnaie courante, offrant ainsi de belles occasions d'échanger quelques mots. D'ailleurs, cette chance se profile immédiatement quand vous vous engagez sur l'A851 vers Armadale, pour une petite promenade de santé sous forme d'amuse-bouche avant d'attaquer le gros de ce voyage fantastique.
À peine revenu sur vos pas, vous empruntez la B8083 depuis Broadford, qui représente la quintessence des routes à l'écossaise dont on vous vantait les mérites quelques lignes plus haut. Ne vous laissez pas distraire par la beauté de la nature et des paysages environnants, car la route permet difficilement le passage de deux véhicules et son état est passablement délité, pour qui aime les euphémismes. Et grand bien vous fasse, car au bout d'une bonne demi-heure de route engageante mais agréable, mais aussi le contournement

Fairy Glen, un paysage de conte de fées

absolument fabuleux du Loch Slapin et des Torrin Pools, vous arrivez à Elgol. Outre la vue sublime sur les montagnes Cuillin, vous aurez la possibilité de faire une sortie en bateau sur les îles voisines de Rum, Canna et Eigg, ou sur le loch Coruisk.

En revenant sur l'A87, vous arriverez enfin au Cuillin – dont vous faites le tour depuis tout à l'heure –, un impressionnant massif montagneux formé par un ancien volcan éteint façonné par l'érosion. Pour en apprécier toute la splendeur, il est recommandé de garer sa moto et de l'explorer à pied, car cette chaîne de montagnes offre d'excellentes possibilités de randonnée (une expérience à ne pas manquer !). Les Fairy Pools, situées à Satran, à l'ouest (que vous retrouverez à la fin de cet itinéraire), sont un exemple des merveilles à découvrir. Nous vous laissons juger par vous-même, mais sachez que les Cuillin Hills sont réputées, à juste titre, pour être parmi les plus belles montagnes de Grande-Bretagne !

Coucher de soleil sur les montagnes de Cuillin

Maisons colorées de Portree

PORTREE

Portree, la plus grande ville de l'île, peut servir de camp de base où rentrer chaque soir pendant que vous vadrouillez tranquillement sur l'île en fonction de vos envies. Au vu de ses commodités, de sa position géographique idéale, c'est un choix qui paraît assez logique. Qui plus est, la ville est charmante et pittoresque, surtout lorsque le soleil se montre. Il est bon de noter que l'île est sujette à des précipitations fréquentes, mais malgré cela, les températures restent douces toute l'année, été comme hiver, ce qui rend le port de cette bourgade paisible fort agréable.

TROTTERNISH

L'itinéraire proposé vous emmène à la découverte de la côte nord de Skye, sur une presque boucle que vous vous devez d'emprunter : une véritable merveille à explorer ! En commençant par la façade est plutôt que par l'ouest, vous rencontrerez une multitude de joyaux naturels qui dépassent l'entendement. Parmi eux, les magnifiques lochs vous accompagneront tout au long du chemin, tout comme les impressionnantes chutes de Bride's Veil, avant d'atteindre la pittoresque Bearreaig Bay. De là, la vue s'ouvre sur l'île de Raasay, tandis que derrière vous se dressent les formations rocheuses saisissantes de l'Old Man of Storr. Celui-ci est

L'Old Man of Storr

La cascade de Kilt Rock

accessible après une marche d'environ une heure trente. Gravir cette montagne est une expérience qui vous plongera au cœur même de l'âme écossaise, au milieu d'un paysage à nul autre pareil. Mais les surprises ne s'arrêtent pas là. En poursuivant votre route, vous serez émerveillé par le point de vue de Rigg, les chutes de Lealt, Kilt Rock et Mealt, ainsi que la charmante plage d'An Corran et les ruines d'anciens châteaux, entre autres. Au point le plus au nord, faites une halte pour déguster un café et un gâteau au pop-up café près de Balmaqueen, ouvert pendant la saison estivale, avant de poursuivre votre chemin vers la pointe ou d'amorcer le retour vers le centre de l'île en longeant la côte ouest.

Une fois de plus, préparez-vous à être ébloui par des panoramas spectaculaires et des paysages à couper le souffle. Impossible de s'en lasser ! Sur cette partie de l'île, vous pourrez éventuellement faire un arrêt au musée de Skye, où quelques chaumières historiques sont préservées et où vous pourrez en apprendre davantage sur la vie des autochtones il y a un siècle.

En reprenant la route, vous découvrirez encore d'autres merveilles naturelles et châteaux, vous préparant ainsi à l'une des dernières étapes de cette journée riche en découvertes.

Sommet de Castle Ewen

Château de Dunvegan

LE CHÂTEAU DE DUNVEGAN

En quittant votre fidèle compagne de route, l'A87, pour rejoindre l'A850, vous retrouvez le charme des petites routes champêtres. On ne le répétera jamais assez, soyez vigilant sur ces chemins : il serait dommage de rencontrer un mouton de trop près. Prenez votre temps afin de savourer pleinement tout ce que cette région a à offrir. Laissez-vous emporter par la douceur de la route le long du loch Snizort Beag, dont vous traverserez plusieurs bras. Cette plaine légèrement vallonnée, ponctuée de bosquets de résineux, offre une agréable variation par rapport aux paysages grandioses précédents (et quel délice !).

Une fois à Dunvegan, vous parcourrez les derniers kilomètres sur ces petites routes bucoliques bordées de murs de pierre si caractéristiques de cette région du Royaume-Uni, jusqu'à arriver au château et aux jardins de

Lever de soleil sur le Quiraing

Dunvegan. Ces lieux, demeure du clan MacLeod depuis le XIIIᵉ siècle, ne manqueront pas de vous impressionner ! Il faut dire que ce château est l'un des plus emblématiques d'Écosse et fut continuellement occupé depuis plus de 800 ans. Des visites y sont organisées, l'occasion d'aller découvrir l'histoire du clan, ses trophées de chasse, ses armures et le Fairy Flag, légendaire bannière des MacLeod.

Ce drapeau fait évidemment référence aux créatures mythiques du folklore traditionnel qui peuplent la nature écossaise. À la fois bienveillantes et un peu capricieuses, elles apportent chance et prospérité à ceux qui les honorent. Pour vivre cette expérience magique, rien de mieux que de se rendre aux Fairy Pools, plus au sud, afin de profiter de ces piscines naturelles à l'eau turquoise et cristalline.

Fairy Pools, près de Glen Brittle

CHOISIR L'ÉQUIPEMENT ADÉQUAT

Globalement, il n'y a pas de bon ni de mauvais équipement : les normes de sécurité sont là pour garantir un maximum de sécurité aux usagers ; et s'il existe de grosses disparités de confort et de durée de vie selon les gammes, tant que vous restez sur des marques éprouvées, vous pouvez faire confiance à votre matériel.

En revanche, il existe de mauvais usages ! Votre veste d'été en mesh ultra respirant sera la panacée dans le désert des Bardenas, mais une horreur sous une de ces pluies si chères à la Grande-Bretagne. Aussi, il est important de connaître la région que vous allez découvrir afin d'être bien préparé. Quelles sont les plages de température de la période où vous allez vous y rendre ? Quelle est la pluviométrie et quel type de pluie, averse torrentielle courte ou crachin interminable ?

Le maître mot sera « polyvalence » : moins vous aurez à emporter d'affaires et mieux cela sera. Pour les chaussures, choisissez des bottes qui vous permettent également de marcher ou prenez une petite paire de chaussures de rechange. Pour la veste, le 3-en-1 est un *must have* afin de pouvoir ajouter ou enlever des couches au besoin.

Enfin, rester au sec est primordial. Peu importe que votre équipement soit étanche de base ou que vous ayez un nécessaire de type survêtements de pluie, le tout est qu'ils ne laissent pas l'eau s'infiltrer, ce serait accepter le pire des inconforts !

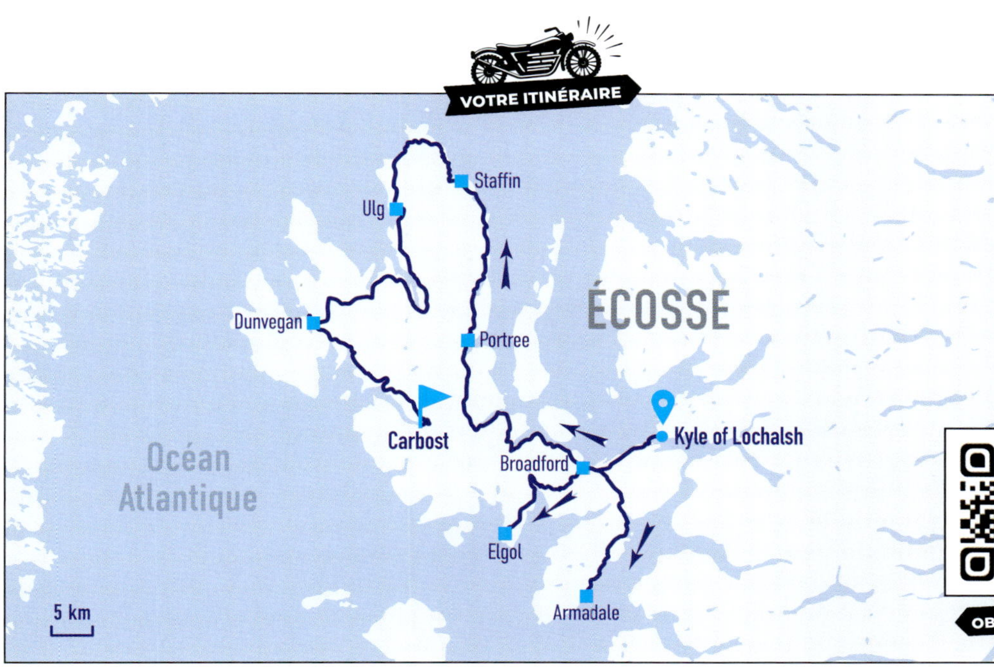

OBTENEZ LE TRACÉ GPX

Espagne

LA ROUTE DE RONDA

NICHÉE TOUT AU SUD DE LA PÉNINSULE IBÉRIQUE, L'ANDALOUSIE EST UNE RÉGION ÉBLOUISSANTE, RICHE D'UN PATRIMOINE CULTUREL OÙ SE CÔTOIENT LES VESTIGES DU CALIFAT DE CORDOUE ET LES MERVEILLES DE L'ARCHITECTURE MUDÉJARE. CE PÉRIPLE À MOTO A ÉTÉ CONÇU POUR S'ÉLOIGNER DES SENTIERS BATTUS ET DÉCOUVRIR UN PARADIS POUR MOTARDS. ENTRE PAYSAGES ÉPOUSTOUFLANTS, VILLES PARFOIS PEU CONNUES MAIS FASCINANTES, ROUTES SINUEUSES ET NATURE APAISANTE, CE VOYAGE OFFRE UNE EXPÉRIENCE INOUBLIABLE.

4 JOURS /// **160 KM**

Village de Casares, Andalousie

LES BLANCHES CITÉS ANDALOUSES

Le départ s'effectue depuis Malaga, surnommée « la belle », dont l'emplacement privilégié a favorisé le développement. Entre la forteresse l'Alcazaba, la cathédrale « la Manquita », le musée Picasso et la Plaza de la Merced, cette ville regorge de sites à découvrir. Nous vous recommandons de consacrer une ou deux journées à la visiter en vous appuyant sur les conseils avisés de l'office de tourisme.
Mais revenons à notre aventure à moto ! Deux itinéraires s'offrent à vous pour rejoindre Marbella : longer la Costa del Sol ou traverser l'extrémité du Parque Nacional de la Sierra de las Nieves. Nous optons pour cette seconde option, bien plus palpitante ! Après quelques kilomètres, vous quittez Malaga et commencez à savourer le paysage presque californien de l'Espagne méridionale. Une fois Cartama dépassée, vous

Parc national de la Sierra de las Nieves

traversez des espaces plus ouverts, contournant la Sierra Gorda pour rejoindre l'A-355. Puis vous suivez cette route jusqu'à Marbella, en profitant du calme pour admirer les emblématiques oliveraies, les collines aux teintes vertes et jaunes, et les falaises qui jalonnent le trajet.

En arrivant à l'écoréserve de Vistas de Sierra Blanca, vous traversez des passages rocailleux alternant avec des forêts, et soudain, vous vous retrouvez dans la station balnéaire de Marbella. La ville, offrant une multitude de loisirs et d'attractions, est idéale pour une pause, qu'elle soit brève ou prolongée. Comme pour Malaga, les attraits de Marbella sont nombreux et variés ; nous vous conseillons de vous tourner vers l'office de tourisme pour tirer le meilleur parti de votre visite.

Lac dans les montagnes de Sierra Blanca, province de Malaga

Le Pont Neuf à Ronda, sur la rivière Guadalevín

LA CÔTE DU SOLEIL JUSQU'À RONDA

Il est maintenant temps de se diriger vers Ronda, et pour cela, nous allons suivre la Costa del Sol par ses artères les plus emblématiques. Notez qu'en haute saison, cette route peut être très fréquentée, et bien que la circulation inter-file ne soit pas légale en Espagne, elle est généralement tolérée pour remonter jusqu'à un feu rouge. N'hésitez donc pas à explorer des voies parallèles selon vos envies pour éviter le trafic.
En longeant la Méditerranée jusqu'à Estepona, vous prenez la direction de Casares, une destination idéale pour les amateurs de routes sinueuses à travers le parc national de la Sierra de las Nieves. Si vous n'êtes pas trop absorbé par les virages serrés, arrêtez-vous aux différents miradors qui jalonnent le parcours pour profiter des vues imprenables. Casares est l'un des plus beaux villages de ce trajet. Grimpez jusqu'au mirador del Castillón pour apprécier la beauté unique de ce village blanc surmonté des ruines d'un château arabe et d'une ancienne église reconvertie en centre culturel.

À partir de Casares, il vous reste une soixantaine de kilomètres jusqu'à Ronda, soit un peu plus d'une heure de route. Et quelle route ! Vous êtes accueilli par une série de lacets et de virages sinueux qui ravissent tous les motards. Après une descente et une nouvelle montée, vous passez par Gaucín puis continuer votre ascension vers Ronda.
Cette ville, qui a même fasciné Hemingway, est surtout connue pour son magnifique Pont Neuf qui enjambe les gorges du río Guadalevín. L'arche centrale de ce pont abrite un musée, ajoutant une touche d'histoire à ce chef-d'œuvre architectural. Ronda, capitale mondiale de la tauromachie, possède des arènes impressionnantes et d'autres sites d'intérêt comme l'église Santa María la Mayor et le Palacio de Mondragón. Prenez le temps d'explorer la ville à pied pour découvrir ses trésors cachés et vous imprégner de son ambiance unique avant de poursuivre votre aventure sur les routes d'Andalousie.

La Costa del Sol et les montagnes de Murcie

OBTENEZ LE TRACÉ GPX

LE CHOIX DE L'HÉBERGEMENT

Lors de la préparation d'un road trip, deux approches opposées se dessinent souvent : tout planifier à l'avance ou improviser en chemin. Chacune a ses avantages et ses inconvénients, et le choix dépend principalement de votre personnalité et de votre tolérance à l'incertitude, avec évidemment la possibilité de mélanger les deux pour obtenir l'équilibre idéal. Cependant, il est crucial de noter qu'arriver trop tard peut parfois signifier se retrouver sans solution de repli. Voici deux options courantes pour l'hébergement en voyage :

- **Le camping**

Que ce soit dans un camping organisé, chez l'habitant ou de manière sauvage (si le pays le permet), le camping est une option économique et flexible. Une fois l'équipement de base acquis, il s'avère souvent plus facile de trouver un emplacement de dernière minute, surtout pour une tente, qu'une chambre d'hôtel. Cependant, le matériel de camping peut prendre beaucoup de place et le caser être problématique si vous voyagez avec un passager. Il est également crucial de vérifier les réglementations locales, car camper dans des zones non autorisées peut entraîner des amendes sévères.

- **Location**

Pour ceux qui préfèrent le confort, réserver un logement est la meilleure option. Que ce soit un hôtel, un B&B, un Airbnb ou une auberge de jeunesse, les choix sont variés et s'adaptent à tous les budgets. Cette option permet d'éviter de transporter un sac de couchage ou une tente, et vous garantit des commodités de base telles qu'une douche, un lit confortable, et parfois même le petit-déjeuner. De plus, vous pouvez bénéficier de conseils locaux sur les meilleurs endroits à visiter.

France

LE TOUR DE CORSE

CLASSIQUE PARMI LES INCONTOURNABLES, INCONTOURNABLE PARMI LES CLASSIQUES, L'ÎLE DE BEAUTÉ EST UN PASSAGE OBLIGATOIRE POUR TOUT MOTARD DE L'HEXAGONE QUI SE RESPECTE ! PRESQUE UN RITE INITIATIQUE. SI VOUS N'Y ÊTES JAMAIS ALLÉ, SOYEZ RASSURÉ, NOUS VOUS AVONS CONCOCTÉ UN PETIT TRAJET PAS PIQUÉ DES HANNETONS AFIN DE DÉCOUVRIR COMME IL SE DOIT LA MAJESTUEUSE ÎLE, SON PARC NATUREL, SES FORTERESSES ET SES LAURIERS-ROSES.

8 JOURS /// **ENVIRON 1 000 KM**

LE PARADIS DES MOTARDS

Si l'île est jalousement gardée par les Corses, ce n'est pas pour rien ! En effet, celle-ci est particulièrement prisée des touristes et de quiconque sait voir la beauté autour de lui. Cela signifie qu'il vaudra mieux se concentrer sur les périodes de mars à juin, puis de septembre à novembre pour aller y poser ses gommes. Cela vous donnera peut-être l'occasion de trouver plus facilement des places de ferry à un tarif correct, car pour partir durant l'assaut touristique, il faut souvent commander celles-ci longtemps à l'avance.

Cela vous donnera l'occasion de bien préparer votre voyage et d'anticiper les pleins d'essence, évitant ainsi la panne sèche en plein centre de l'île, mais aussi de prévoir l'hébergement, qui sera compliqué à improviser si vous souhaitez dormir à l'hôtel (mais cela peut passer pour un camping).

Une fois ces précautions prises, à vous la liberté dans un éventail faramineux de paysages différents, tous splendides, et une diversité infinie de beautés naturelles ou d'origine humaine.

IN STRADA

Car si l'itinéraire n'est pas exhaustif (loin s'en faut !), il vous fera néanmoins passer par une grande parcelle de l'oasis. Bastia est désigné comme point subjectif de départ et d'arrivée, mais à vous d'adapter votre trajet en fonction de votre port de prédilection. L'avantage de ce choix sera de découvrir immédiatement le col de Teghime, mais surtout le cap Corse et ses côtes à travers la corniche. Après une traversée un peu sportive sur des routes audacieuses, vous entamez donc la descente de la façade ouest, avec tous ses panoramas oniriques et belvédères fabuleux.

Cap de la Parata

Le Vieux Port à Bastia

Après un passage dans le désert des Agriates, vous retrouvez la mer Méditerranée, l'Île-Rousse puis Calvi, à travers un ensemble de villages typiques. Après le col de la Croix et ses virages tortueux, vous passez près de Porto afin de vous rendre vers Corte et sa citadelle, à l'intérieur des terres. C'est l'occasion rêvée de voir les gorges de la Spelunca, le défilé de la Scala di Santa Regina et puis, peu après la ville, de faire une petite déviation par les gorges de l'Asco.
De retour sur la côte, ce sont désormais des calanques, notamment celles de Piana, qui vous attendent. C'est le long de ces criques bordées de rochers que vous atteignez tranquillement Ajaccio et son cap donnant sur les îles Sanguinaires et leurs sombres récifs.

Calanque de Piana

Vue de Bonifacio

À l'extrémité méridionale de l'archipel, un petit passage au rocher du Lion sera appréciable avant d'arriver dans la populaire Bonifacio, la ville la plus au sud. Reste quelques étapes durant votre remontée vers Bastia. Vous suivez la côte jusqu'à Porto-Vecchio avant de vous détourner du droit chemin pour vous amuser sur les routes qui vous mènent vers le célèbre col de Bavella. Un nouveau passage par Corte vous offre la chance de visiter davantage le centre de la Corse, vous ramenant inexorablement vers votre point de départ. Sur la route du retour vers Bastia, le défilé de Lancone sera une très belle scène pour préparer vos adieux au royaume de Beauté.

Plages de Palombaggia et de Tamaricciu

Corte

LA BAGAGERIE INDISPENSABLE

Quel sujet difficile à résumer que celui de la bagagerie ! Pour faire simple, essayez déjà de déterminer ce dont vous allez avoir besoin comme matériel et n'emmenez que le strict minimum.

Détesté par la plupart, qui jurent haut et fort de ne jamais défigurer leur moto avec, le top-case est pourtant un incontournable qui rend bien des services. Sécurisé car verrouillable, étanche, pouvant accueillir jusqu'à deux casques, il a cependant l'inconvénient de ramener le poids vers l'arrière (attention aux wheelings !) et de déstabiliser un peu. Rigides ou souples, les valises permettent de bien répartir le poids tout en proposant une grande capacité de rangement. Les souples s'adaptent sur l'immense majorité des motos mais ne proposent pas la protection des modèles rigides. Dans tous les cas, il faudra faire attention là où vous passerez, car votre arrière est désormais beaucoup plus large.

Sur votre réservoir, un sac fixé via un aimant, des sangles ou un système adapté au bouchon de réservoir vous permettra d'avoir tout votre petit nécessaire à portée de main. Très facile d'accès, cette sacoche peut toutefois parfois gêner le conducteur si elle est trop volumineuse... mais elle peut aussi servir de coussin pour la conduite !

Les sacs à dos et sacoches de selle ont tendance à être le complément des points précédents, car avoir des éléments solides dans un sac à dos peut s'avérer dangereux. Ce choix est même incompatible avec le port d'un gilet airbag. Avec les sacs à rouler étanches et un bon filet araignée, c'est toutefois une bonne solution pour ajouter de l'emport sur votre moto, facile à emmener et à déplacer, à condition de ne pas avoir de passager, bien sûr.

Le choix dépendra du type et de la longueur du voyage, mais également de la capacité et du volume dont vous avez besoin ainsi que du niveau de sécurité face au vol et aux intempéries. Enfin, l'impact sur la conduite et le coût de ces équipements sont également à prendre en compte.

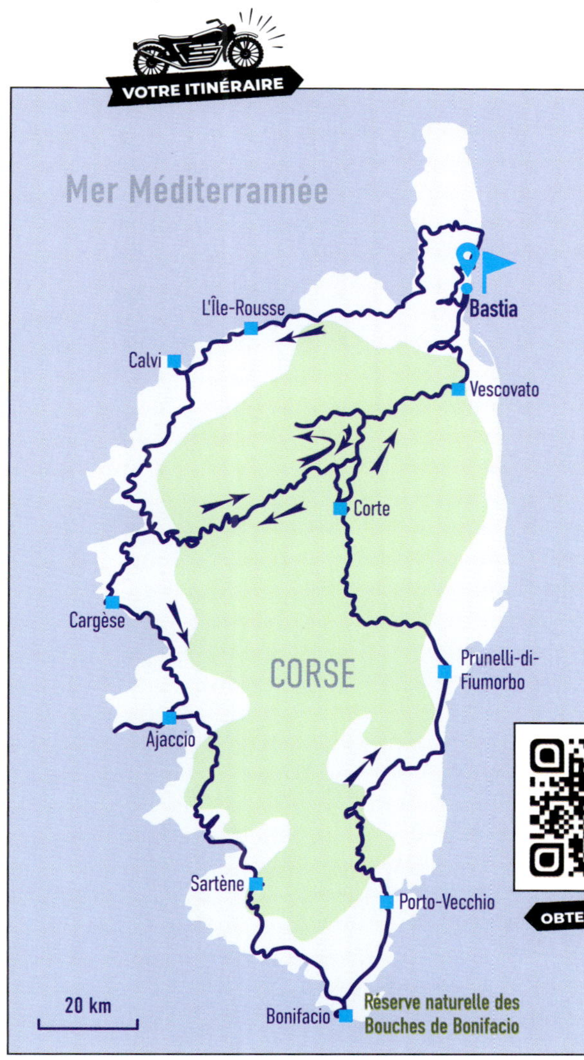

OBTENEZ LE TRACÉ GPX

France

LA ROUTE NAPOLÉON

AUTRE GRAND CLASSIQUE CONNU DE TOUS LES MOTARDS FRANÇAIS, LA ROUTE NAPOLÉON A SU S'IMPOSER POUR REJOINDRE LE SUD, PÈLERINAGE OBLIGATOIRE POUR LES AMOUREUX DE BELLES COURBES ET DE PAYSAGES GRANDIOSES. SI, EN PLUS, VOUS ÊTES UN PEU FÉRU D'HISTOIRE, VOUS AVEZ LE COMBO GAGNANT DE LA RN85 ! ALORS « VOLONS DE CLOCHER EN CLOCHER JUSQU'AUX TOURS DE NOTRE-DAME » (DIXIT NAPOLÉON : « L'AIGLE VOLERA DE CLOCHER EN CLOCHER JUSQU'AUX TOURS DE NOTRE-DAME. »)

5 H /// 350 KM

UN PEU D'HISTOIRE

Tout commence le 1er mars 1815, lorsque Napoléon Ier, de retour de l'île d'Elbe, débarque sur la plage de Golfe-Juan sur la Côte d'Azur. Accompagné de 1 200 hommes qui croient en lui, il va marcher pendant six jours afin de rallier Paris et de récupérer le trône qu'il a dû abandonner un an plus tôt lors de son abdication. Afin d'éviter les armées royalistes, ils suivent les sentiers des muletiers, qui sont beaucoup plus sûrs pour une troupe « révolutionnaire » ! Que l'on apprécie ou non le personnage, on peut toutefois se réjouir du choix du tracé qui a été fait il y a plus de deux siècles. Car à travers la Côte d'Azur, la Provence et les Alpes, il y a de quoi s'émerveiller !

LES ALPES

À l'inverse de Bonaparte, les motards font plus souvent ce trajet en direction du Sud, en partant de la banlieue de Grenoble, aux portes du Vercors. La RN85 peut se parcourir en seulement cinq heures pour ceux qui souhaitent filer, mais on peut aussi allier l'utile à l'agréable sur un trajet vers Cannes ou l'une des grandes villes de la Côte d'Azur. Et nous ne pouvons aussi que vous conseiller de profiter de cet itinéraire pour aller admirer les beautés alentour ! Vous pourriez par exemple prendre le temps de parcourir le massif du Vercors, dont la zone des Quatre Montagnes et les hauts plateaux se trouvent juste à côté de votre point de départ.
Pour votre plus grand plaisir, la route sur laquelle vous vous élancez a été goudronnée dès 1932 afin de créer l'itinéraire touristique que nous connaissons tous. Cette même route vous invite à prendre un peu de hauteur alors que vous vous engagez dans les Alpes et, surtout, à travers le parc natio-

Parc national des Écrins

nal des Écrins. En quittant l'Isère pour les Hautes-Alpes, à travers le superbe « écrin » du parc, vous profiterez de ce paysage dont on ne peut pas se lasser. Entre monts enneigés, forêts de sapins et d'épicéas ou lacs qui reflètent toute la nature alentour, ce bout de route est aussi beau que divertissant. Peu après Gap, vous passez à côté du célèbre lac de Serre-Ponçon qui, comme vous pourrez le constater, est immense ! C'est d'ailleurs le plus grand lac artificiel de France métropolitaine. Essayez d'imaginer Napoléon l'observant de là où vous vous tenez, son chapeau fièrement vissé sur la tête, l'air grave, la main droite glissée près du cœur... Une bien belle image... Mais le lac ayant été créé en 1959 seulement, ce n'est malheureusement pas arrivé !

Massif du Vercors

Lac de Serre-Ponçon

LA PROVENCE

À proximité de la vallée de la Durance et après une cinquantaine de kilomètres de virages tout bonnement délirants, accompagnés de ces paysages majestueux qui vous font vous sentir tout petits sur cette planète, vous arrivez à Digne-les-Bains avec au moins une certitude : on ne s'est pas moqués de vous en vous proposant cet itinéraire ! La ville peut être l'occasion de se délasser aux thermes dont la réputation n'est plus à faire. Mais également d'envisager une petite folie : à quelques heures de route se trouve le mont Ventoux, dont les 1 910 mètres d'altitude lui valent le surnom de « Géant de Provence ». Ce mont est aussi mythique que la route que vous empruntez, alors pourquoi ne pas dévier de votre chemin afin de poursuivre d'autres légendes avant de revenir à notre Empereur ?

Reste qu'après Digne, les gorges du Verdon ne sont plus qu'à quelques encablures. Aussi, après avoir pu contempler Castellane depuis la chapelle Notre-Dame du Roc, impossible de ne pas aller découvrir le plus grand canyon d'Europe ! Ces merveilles de la nature valent assurément le détour et ne vous empêchent pas de reprendre votre itinéraire plus tard. Une fois sur place, entre collines verdoyantes et lacs aux eaux turquoise sans commune mesure, vous pourriez même pousser un peu plus loin et aller voir la corniche Sublime ou la route des Crêtes. Cette route panoramique vous emmène sur 24 kilomètres surpeuplés de panoramas impressionnants, dominant les gorges dorées et leurs impressionnantes falaises. La corniche est du même acabit, avec sa vue sur le plateau de Valensole et le lac de Sainte-Croix.

Gorges du Verdon

Mont Ventoux en Provence

LA CÔTE D'AZUR

Vous quittez la Provence certainement très heureux d'avoir évité l'A7 et ses bouchons, et les couleurs prennent de jolies teintes chaudes. Bienvenue sur la Côte d'Azur ! La route reste agréablement sinueuse et le temps est presque toujours beau. C'est d'ailleurs l'un des avantages de ce trajet : il est praticable durant la quasi-totalité de l'année puisque les cols ne sont pas fermés pendant la période hivernale.

Ce bout de trajet vous permet de traverser l'agréable parc naturel régional des Préalpes d'Azur, et avant d'arriver à Grasse, vous avez la possibilité d'aller voir les gorges du Loup, qui restent spectaculaires, même si elles sont moins impressionnantes que celles du Verdon. À Grasse, la capitale internationale du parfum, laissez-vous conter l'histoire des eaux de toilette dans le musée qui leur est dédié et parcourez les ruelles de sa vieille ville. Cannes incite également à la flânerie, avec son parc forestier naturel de la Croix des Gardes. Et ce sentiment se renforce encore avec le Suquet, son célèbre quartier historique, aux ruelles pittoresques et à la vue imprenable sur la baie, le temps de se régaler d'une bouillabaisse ou d'une ratatouille…

Sur le flanc de mer, dernière ligne droite avant la fin du trajet. Après quelques kilomètres à suivre la Littorale, vous voilà arrivé ! Alors, voyez-vous l'île d'Elbe, depuis le sable fin de la plage de Golfe-Juan ?

LA FORMATION COMPLÉMENTAIRE

Malheureusement non financée par le CPF, la formation complémentaire est un bon moyen d'asseoir ses compétences en matière de pilotage afin de se sécuriser, de s'améliorer, voire même de se tranquilliser. Ces stages de perfectionnement vous permettront d'aller plus loin dans votre pratique de la moto. L'approche se veut généralement en petite partie théorique afin d'attaquer rapidement la pratique. Cela touche au fonctionnement d'une moto du point de vue de la mécanique aussi bien que des sciences physiques, mais aussi à la physiologie du conducteur, aux risques et à la sécurité routière, ainsi qu'aux techniques pragmatiques que l'on peut appliquer dans la vie de tous les jours.

Un stage sur piste peut s'avérer également très bénéfique pour le pilote au niveau du mental et pour connaître sa monture à un niveau plus extrême. Après tout, qui peut le plus peut le moins, n'est-ce pas ? Mais c'est surtout en hors-piste que l'apprentissage peut être bénéfique ! Apprendre à rouler sur piste, terre ou sable est nécessaire pour quiconque veut partir hors des sentiers battus, au sens littéral comme au figuré. Motocross, enduro, stage montagne, tout est bon au guidon !

VOTRE ITINÉRAIRE

OBTENEZ LE TRACÉ GPX

Vieille ville de Cannes

Irlande

LE GRAND TOUR

L'IRLANDE ! LA GUINNESS, LA SAINT-PATRICK, LA MUSIQUE CELTIQUE ET SES FABULEUSES LÉGENDES... TOUT CELA DONNE ENVIE DE S'INTÉRESSER À CE PAYS QUI A TANT DE CHOSES À PROPOSER. CAR AU-DELÀ DES POINTS QUE L'ON VIENT DE CITER, LES IRLANDES (AU PLURIEL) POSSÈDENT MILLE RICHESSES QU'IL FAUT IMPÉRATIVEMENT CONNAÎTRE. ENTRE PANORAMAS INDESCRIPTIBLES ET CULTURE D'UNE OPULENCE MILLÉNAIRE, CE PAYS VOUS RÉSERVE QUELQUES SURPRISES QUE VOUS GARDEREZ À JAMAIS EN MÉMOIRE.

2 SEMAINES /// **1 800 KM**

DE DUBLIN AU WEST CORK

Bienvenue à Dublin, capitale de ce charmant pays qu'est l'Irlande et à plusieurs reprises nommée « ville la plus conviviale d'Europe ». Vous comprendrez aisément pourquoi en découvrant ses couleurs, son côté accueillant et ses espaces verts. Mille ans d'histoire ayant forgé cette ville, prévoyez donc quelques jours pour la visiter !
Lorsque se fera sentir le besoin de vous mettre au vert (la couleur locale), chevauchez en direction du sud, vers le comté de Cork. La route est agréable et relativement reposante, à travers une campagne typique : bucolique, pittoresque et... verte, mais tellement verte ! La ville de Cork est vraiment attachante, avec son centre-ville qui forme une île et ne détonne pas avec Kinsale et son port de pêche, un peu plus loin. C'est d'ailleurs un excellent point d'accès aux routes côtières et aux baleines qui fréquentent les eaux irlandaises, ainsi qu'une très bonne mise en bouche pour ce qui arrive !

LE RING OF KERRY

Bienvenue dans la ville de Killarney, la porte d'entrée du sublime parc national du même nom, au cœur de la vallée entre montagne et lac. Ce village coloré et fleuri est très touristique, offrant une variété de restaurants où vous pourrez déguster des plats locaux comme le Stobhach Gaelach, plus connu sous le nom d'Irish Stew, ou une tourte à la Guinness. Il est temps maintenant de partir à l'aventure dans le parc national de Killarney. Vous pourrez explorer ses lochs et

Moll's Gap

Chutes d'eau au Connor Pass

La péninsule de Dingle

lacs et découvrir des sites emblématiques comme le Ross Castle ou Muckross House et Abbey. Ne manquez pas les Torc Waterfall et Ladie's View pour des vues spectaculaires.
En quittant Killarney, direction le Ring of Kerry, où vous passerez par des paysages magnifiques, la marque de fabrique de ce tracé. C'est notamment le cas de Moll's Gap, avec une vue imprenable sur le Lough Barfinnihy. Continuez votre voyage vers Kenmare, puis longez l'irrésistible côte jusqu'à Sneem, avec son mémorial à Charles de Gaulle, et admirez Derrynane Beach et le cap de Lamb's Head, prêt à se jeter dans de vastes étendues d'eau.
Le Skellig Ring offre une autre série d'attractions incontournables, notamment le monastère gaélique de Ballinskelligs Abbey, les Kerry Cliffs et Valentia Island.

Enfin, dans la partie nord du Kerry, ne manquez pas Caherciveen, avec sa vue sur les Iveragh Mountains, et le Mountain Stage Viewpoint, offrant un panorama sur Rossbeigh Beach et la péninsule de Dingle, que vous visiterez bientôt.

LA PÉNINSULE DE DINGLE

La péninsule de Dingle propose des routes sinueuses, prisées des deux-roues, mais attention, les routes peuvent être étroites et piégeuses. En partant de Killarney, vous traversez Castlemaine pour rejoindre les paysages pittoresques de Castlemaine Harbour et Inch Beach, en vous méfiant du sable soulevé par le vent. En remontant la côte, vous atteignez Dingle, charmant port de pêche coloré et point de départ de

Falaises de Moher

la Slea Head Drive. Cette route de 40 kilomètres offre des panoramas inimaginables, notamment Dunmore Head, célèbre pour ses vues sur les Blasket Islands, et Dunquin Harbour, un port de pêche pittoresque.

Après avoir bouclé la Slea Head Drive et repassé Dingle en direction du nord, vous traversez le Connor Pass, l'un des cols les plus hauts d'Irlande. Au sommet, vous pouvez admirer les lacs parsemant les montagnes et les cascades avant de descendre vers Tralee, en suivant la côte pour profiter des vues sur l'Atlantique.

DES FALAISES DE MOHER JUSQU'AU CONNEMARA

En continuant votre remontée, vous arrivez sur la première destination touristique naturelle d'Irlande : les époustouflantes falaises de Moher ! Du haut de leurs 215 mètres de schiste et de calcaire modelés par l'érosion maritime et le climat, et s'étendant sur 8 kilomètres, les Cliffs of Moher sont une merveille de la nature dont la vue est inoubliable, surtout depuis les abords de Doolin.
Sur votre route pour le Connemara et ses terres brûlées, vous passez par Galway, ville accueillante, à l'image de ses habitants. Au vent, des landes de pierre, et la tourbière

de Roundstone Bog, qui marque votre entrée dans le Connemara. Peu après Clifden, déviez donc vers la Sky Road pour reprendre un peu de beauté en plein visage, puis foncez à travers lacs et montagnes jusqu'à l'abbaye de Kylemore, gracieusement nichée entre le Kylemore Lough et le Pollacappul Lough.

WILD ATLANTIC DRIVE

En parcourant les routes typiquement irlandaises, vous êtes entouré de murets en pierre, d'arbustes et de buissons épineux, ponctués par des passages à travers de jeunes forêts. Par une journée clémente, vous serez sans aucun doute enchanté par la quiétude de la route, prenant le temps de flâner au guidon de votre moto et d'apprécier le charme bucolique de l'Irlande agricole et rurale. Le fjord de Killary, la Clew Bay, peut-être un petit détour par l'île d'Achill, sont autant de bonnes raisons de sortir de vos rêveries. Vous pouvez également remonter la côte le long des Slieve League, celles-ci étant les deuxièmes plus hautes falaises d'Europe. Ce trajet vous mène tout droit au parc de Glenveagh, un sublime hameau de verdure dont le château éponyme se marie parfaitement avec l'Errigal, sommet dont le folklore local narre la légende.

COMMENT UTILISER LES FICHIERS GPX DE CET OUVRAGE

Pour utiliser le GPS avec ce livre, c'est très simple ! Tout d'abord, scannez le QR Code de la page pour télécharger le fichier GPX (qui est un format lisible par le GPS). Vous pouvez ensuite visualiser et modifier ce fichier selon vos préférences, par exemple avec GPX Viewer, une application très répandue sur smartphone. Sur PC, le site web gpx.studio est une ressource indispensable.

Une fois les modifications effectuées, importez simplement la trace GPX dans votre application GPS (sur smartphone) ou dans les fichiers du GPS lui-même. Assurez-vous de faire un test avant de vous lancer dans votre aventure ! Il serait dommage que cela ne fonctionne pas le jour J, n'est-ce pas ?

Cependant, même si la technologie est pratique, il est toujours essentiel d'avoir une carte papier avec soi. Les cartes Michelin sont idéales à cet effet, avec leurs routes panoramiques mises en évidence en vert.

Lac du Connemara. À gauche, l'abbaye de Kylemore.

Sur la Wild Atlantic Drive

VOTRE ITINÉRAIRE

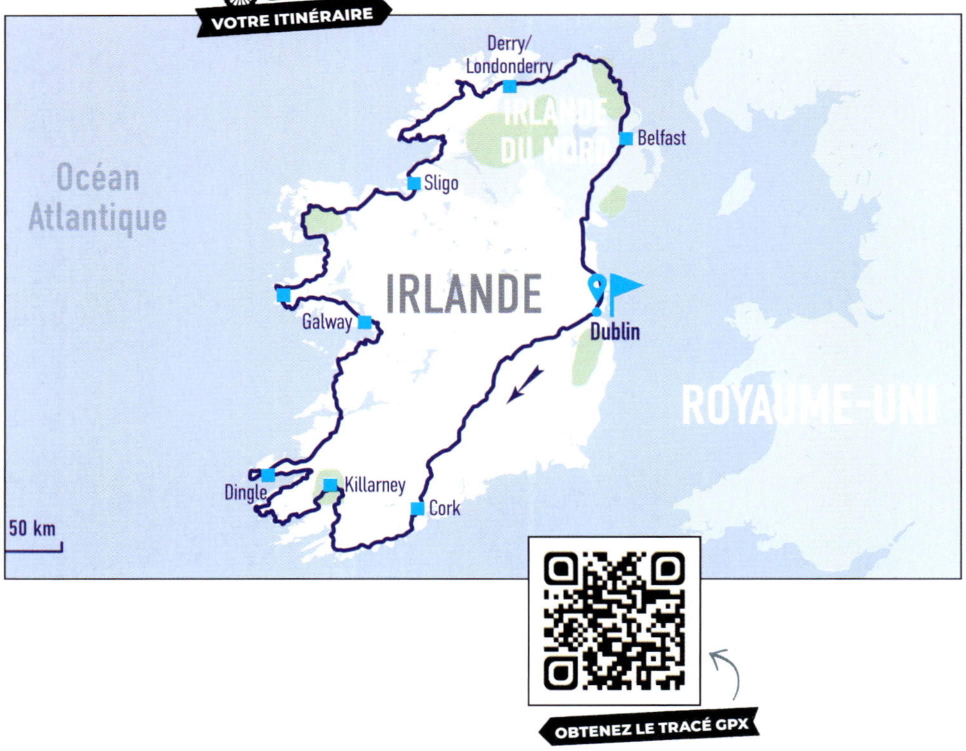

OBTENEZ LE TRACÉ GPX

L'IRLANDE DU NORD : BELLE ET FASTE !

Oublions les mauvais jeux de mots et concentrons-nous sur ce qu'il vous faut visiter : la Chaussée des Géants ! Ce phénomène surprenant est en réalité une formation volcanique, un orgue basaltique titanesque, qui forme quelque 40 000 colonnes hexagonales sur le plateau d'Antrim. Ne passez pas à côté des côtes d'Antrim et de leur beauté sauvage et profitez d'un passage à Ballycastle pour aller voir la nature sauvage de l'île de Rathin grâce à un tour en ferry. Belfast sera un dernier arrêt de choix sur cette partie du trajet avant de terminer votre boucle, où vous pourrez dilapider quelques livres pour en apprendre un peu plus sur le *Titanic* ou prendre le temps de découvrir son port coloré.

Chaussée des Géants

Islande

LA ROUTE 1

SI VOUS OPTEZ POUR UN PÉRIPLE À MOTO EN ISLANDE, MIEUX VAUT Y CONSACRER DU TEMPS. EN DÉBARQUANT AVEC VOTRE DEUX-ROUES EN FERRY, VOUS AUREZ DÉJÀ TRAVERSÉ LES ÎLES FÉROÉ ET VOUS APPRÉCIEREZ SÛREMENT CETTE SUCCESSION DE PETITS VOYAGES. AUSSI EST-IL FORTEMENT RECOMMANDÉ DE PRÉVOIR UN MINIMUM DE SEPT JOURS SUR PLACE – MÊME SI, EN RÉALITÉ, IL FAUDRAIT PLUTÔT DOUBLER CETTE DURÉE POUR PROFITER PLEINEMENT DE L'ISLANDE ET DE TOUT CE QU'ELLE A À OFFRIR. POUR CELA, LA ROUTE 1 (ÞJÓÐVEGUR 1), OU ROUTE CIRCULAIRE (HRINGVEGUR), EST UN CHOIX JUDICIEUX POUR PLUSIEURS RAISONS. TOUT D'ABORD, ELLE EST ENTIÈREMENT REVÊTUE DE GOUDRON, CE QUI EST LOIN D'ÊTRE LE CAS POUR L'ENSEMBLE DU RÉSEAU ROUTIER ISLANDAIS. DE PLUS, ELLE FAIT LE TOUR COMPLET DE L'ÎLE ET DONNE AINSI ACCÈS À DE NOMBREUX SITES TOURISTIQUES REMARQUABLES AVEC DES PANORAMAS EXCEPTIONNELS TOUT AU LONG DU TRAJET. PRÉPAREZ VOTRE COUPE-VENT, PLANIFIEZ VOTRE ITINÉRAIRE, ET EMBARQUEZ POUR UN TOUR DE MANÈGE MÉMORABLE !

17 H MINIMUM /// **1 370 KM**

UNE ROUTE EN NORD

Avant de partir, prenez en compte quelques informations essentielles. L'île étant très au nord, et même si le climat océanique tempère l'influence polaire, prévoyez des vêtements en couches et évitez l'hiver, saison où les routes sont impraticables pour les motos et où la lumière du soleil est limitée à environ quatre heures par jour. Sortez des sentiers battus pour découvrir la beauté du pays, mais soyez conscient que les routes débutant par un F ne sont pas toutes goudronnées. Le trajet qui vous est proposé ici peut être parcouru dans les deux sens, à votre convenance.
Une fois prêt, quittez Seyðisfjörður, la charmante ville où votre ferry a accosté, et dirigez-vous vers le nord jusqu'au site géothermique de Hverir et le mont Námafjall qui le domine. Admirez les bains de boue et les fumerolles, puis continuez vers le lac Mývatn, entouré de champs de lave, de volcans et de pseudo-cratères. Ce « lac des Mouches » est véritablement exceptionnel ! De même, ne manquez pas le Goðafoss, la « Chute des dieux », avec une vue plongeante spectaculaire qui évoque les légendes des Valkyries chevauchant sur les flots tourbillonnants. Akureyri est idéale pour se reposer et servir de point de départ afin d'aller observer des baleines en bateau.

REYKJAVÍK ET LE CERCLE D'OR

Après avoir contourné le cône volcanique du Bifröst et le mont Esja, vous arrivez à la charmante Reykjavík, la capitale la plus septentrionale du monde. Surnommée la « baie des Fumées », cette ville se distingue par son effervescence culturelle et son cadre enchanteur malgré sa taille modeste. Une visite à l'église Hallgrimskirkja est un passage obligé, tout comme le Musée national et le Perlan, avec une vue panoramique sur la ville. À proximité de Reykjavík, d'autres trésors vous attendent ! Le parc national de Thingvellir, classé au Patrimoine mondial de l'Unesco, comporte des sites remarquables tels que la faille de Silfrugjá, où vous pouvez nager entre deux plaques tectoniques. En empruntant la route 35, vous verrez le cratère de Kerið, dont le bleu de l'eau contraste magnifiquement avec les bords de terre de cette profonde cavité. Toujours sur cette route, vous découvrirez Geysir, célèbre geyser dont les éruptions sont rares, mais vous pourrez apprécier le spectacle plus fréquent du Strokkur, qui jaillit toutes les cinq à dix minutes. En continuant, vous atteindrez les impressionnantes chutes

Sur la route 1

Faille de Silfrugjá

Zone géothermique de Hverir, Hverarond

de Gullfoss, surnommées « les Chutes d'or », où les gorges sombres résonnent du rugissement des eaux déchaînées. Plus au sud, vous pouvez également vous rendre au Lagon secret (entrée payante) pour profiter d'un bain dans une eau naturellement chaude à 39 degrés !

LA FAÇADE SUD

La partie méridionale de la route 1 regorge également de beautés, mais vous devrez faire des choix si votre temps de séjour sur l'île est limité. Parmi les nombreux ponts que vous traverserez, celui d'Urriðafoss offre une vue panoramique magnifique et vous mènera finalement aux cascades de Gljúfrabúi, dont l'accès par un tunnel semble tout droit sorti d'un conte de fées. À une trentaine de kilomètres de là, vous pouvez faire une halte au parking improvisé pour admirer l'épave d'un Douglas DC-3 abandonné par l'US Navy après son crash en 1973 sur le Sólheimasandur.

Si vous préférez vous détendre au soleil, les plages de sable noir de Reynisfjara, Reynisfjall et Reynisdrangar, près de la ville de Vik, vous séduiront avec leurs étonnantes formations rocheuses et leurs falaises de basalte en forme d'orgue. En vous éloignant de la ville, vous découvrirez le canyon de Fjaðrárgljúfur, dont la beauté majestueuse ajoute à l'attrait de la côte. En approchant de Skeiðarársandur, vous assisterez à la « course des glaciers », où les plaines de sable offrent un pay-

Le lac glaciaire de Jökulsárlón

Glacier de Skaftafellsjokull entouré de montagnes volcaniques

sage en constante évolution. C'est également le signe que vous approchez de Skaftafell, au sud du Vatnajökull, le plus grand glacier d'Europe ! Vous y trouverez les magnifiques chutes de Svartifoss, qui jaillissent à travers les orgues de basalte de ce lieu enchanteur, ainsi que les langues glaciaires lointaines dont la blancheur immaculée contraste avec le basalte et les cendres. Enfin, ne manquez pas les icebergs du lac glaciaire Jökulsárlón, où les phoques se prélassent parfois avec une nonchalance pour le moins fantasque.

LES GESTES QUI SAUVENT

On ne vous apprend rien, la moto est une activité où le risque de blessure est beaucoup plus présent que la moyenne. Aussi, être formé aux premiers secours n'est pas une option – cela devrait d'ailleurs être systématiquement enseigné au passage du permis, comme c'est le cas dans d'autres pays. Le PSC1 est une base que l'on peut facilement acquérir auprès de l'Union des sapeurs-pompiers et de la Croix-Rouge, entre autres, et qui ne demande que peu de frais et d'investissement. Et si vous décidez de partir loin et en zone isolée, n'hésitez pas à pousser plus avant l'apprentissage des gestes spécifiques au secours routier pour la moto. Il est toujours utile de ne pas se cantonner au milieu de la moto et d'envisager des situations extrêmes ou une gestion des traumatismes afin d'être prêt à toute éventualité.

VOTRE ITINÉRAIRE

OBTENEZ LE TRACÉ GPX

Italie

LE COL DU STELVIO

SURNOMMÉ « PLUS BELLE ROUTE DU MONDE » PAR LES PASSIONNÉS (ET PASSABLEMENT UN PEU FOUS) DE L'ÉMISSION *TOP GEAR*, LE COL DU STELVIO CONSTITUE UNE EXPÉRIENCE UNIQUE ET LÉGENDAIRE POUR LES AMATEURS DE MOTO QUI CONVERGENT CHAQUE ANNÉE VERS CE LIEU EN GUISE DE PÈLERINAGE. OUVERT DE JUIN À SEPTEMBRE, CE COL, LE PLUS ÉLEVÉ DES ALPES ITALIENNES, OFFRE SUR SON VERSANT NORD-EST PAS MOINS DE 48 VIRAGES EN ÉPINGLE À CHEVEUX DÉFIANT L'ÉQUILIBRE ET L'HABILETÉ DES CONDUCTEURS QUI CHERCHENT À LE DOMPTER. NICHÉE À UNE ALTITUDE VERTIGINEUSE DE 2 758 MÈTRES, CETTE ROUTE SERPENTANT À TRAVERS LES MONTAGNES ET JOUXTANT LA FRONTIÈRE SUISSE EST LE THÉÂTRE D'UNE PROCESSION FASCINANTE DE VÉHICULES, ATTIRÉS PAR LA PROMESSE DE PANORAMAS SPECTACULAIRES ET L'INTENSITÉ DE CE TRAJET DE LÉGENDE.

1 H 15 /// **50 KM**

Col du Stelvio

DÉCOUVRIR LE PASSO DELLO STELVIO

Construite à partir de 1820 sous l'égide de l'empire d'Autriche dans le dessein de relier le pays à la Lombardie, particulièrement à Milan, et dépendante du territoire austro-hongrois, la route du col servait autrefois de démarcation entre les deux nations. Relativement épargné par les conflits armés, son tracé a conservé son intégrité au fil du temps et relie aujourd'hui Bormio, en Lombardie, à Prato allo Stelvio, dans le Trentin-Haut-Adige.
Avant de se lancer dans cette aventure, il est impératif de garder la tête froide : les exigences de cette route, en particulier ses quelque 50 virages durant l'ascension, sollicitent à l'extrême les compétences du pilote et les performances de la machine. Hors de question donc de se laisser emporter par un excès de confiance, car la moindre erreur peut être

Vue panoramique du col du Stelvio

Passe du col du Stelvio dans les Dolomites suisses

Quelques-uns des 48 tours d'épingle à cheveux du col du Stelvio

sévèrement sanctionnée, que ce soit par une rencontre inopinée avec les barrières de sécurité ou par une démonstration de la loi de la gravité sous forme de chute libre. Ce que l'on veut absolument éviter non ?

UNE EXPÉRIENCE EXALTANTE

Cependant, une fois cette mise en garde énoncée, l'ascension devient une source inépuisable de plaisir ! Le revêtement de l'asphalte est d'une qualité irréprochable tout au long du parcours, tandis que la météo, presque toujours clémente durant la période d'ouverture du col en Italie, permet une conduite des plus agréables. Les paysages qui défilent sont tout simplement incroyables. Franchir 1 870 mètres d'altitude en quelques kilomètres offre une expérience visuelle unique (et des sensations fortes), puisque le paysage évolue à vue d'œil tout en restant très typique des Alpes. Tout d'abord,

vous traversez les plaines basses et cultivées du Sud-Tyrol, où la majesté des montagnes alentour fait déjà son petit effet. Au fur et à mesure, vous vous enfoncez dans des couloirs sinueux bordés de sapins majestueux et autres conifères, dont le plafond de verdure souligne délicatement les murets de pierre. Ensuite, au détour d'un énième tunnel réverbérant le son de votre moteur, vous vous aventurez dans les hauteurs dénudées, où la pierre et la roche règnent en maîtres. Enfin, vous vous approchez des sommets majestueux, coiffés de glaciers, dont celui de Livio est le véritable joyau de cette région. Avec une pente moyenne de 7,5 %, atteignant parfois près de 14 %, vous avez l'opportunité de mettre à l'épreuve vos talents de pilote à travers des virages serrés, des épingles redoutables et des lignes droites où la vitesse est reine. Néanmoins, prudence étant mère de sûreté, prenez votre temps, savourez chaque instant, et profitez pleinement de cette expérience inoubliable que vous offre le mythique col du Stelvio !

L'ITINÉRAIRE CULTE

Pour en profiter au mieux, organisez bien votre journée ! Évitez le Stelvio Bike Day, où seuls les vélos sont autorisés, ainsi que les périodes d'affluence de juillet et août. Il est conseillé de partir plutôt de Suisse que de Bormio afin d'enchaîner le col de l'Umbrail, plus haut col routier suisse, qui vous mènera ensuite directement au col du Stelvio.

QUE METTRE DANS SA TROUSSE DE SECOURS ?

Des trousses de secours sont parfois proposées sur les sites spécialisés, seulement, toutes ne se valent pas. Le mieux est de composer la vôtre en fonction de ce que vous aurez appris en formation de secours. Rien ne sert d'avoir un garrot tourniquet si vous ne savez pas comment ni quand l'utiliser. Faites également bien attention à ce que votre trousse soit imperméable afin d'éviter d'en abîmer le contenu.

- Parmi les incontournables : la couverture de survie vous fournira une protection d'urgence qui sera utile quelles que soient les conditions météorologiques.
- Prévoyez de grands pansements en quantité et de tailles différentes pour pouvoir protéger les blessures et surtout les petits bobos.
- Les compresses stériles non tissées sont absolument nécessaires pour le soin des plaies.

Ainsi que :

- Des lingettes antiseptiques et de quoi désinfecter.
- Des bandes antiseptiques et du sparadrap micropore.
- Des ciseaux adaptés pour le secourisme (à bouts ronds).
- Une pince à écharde.

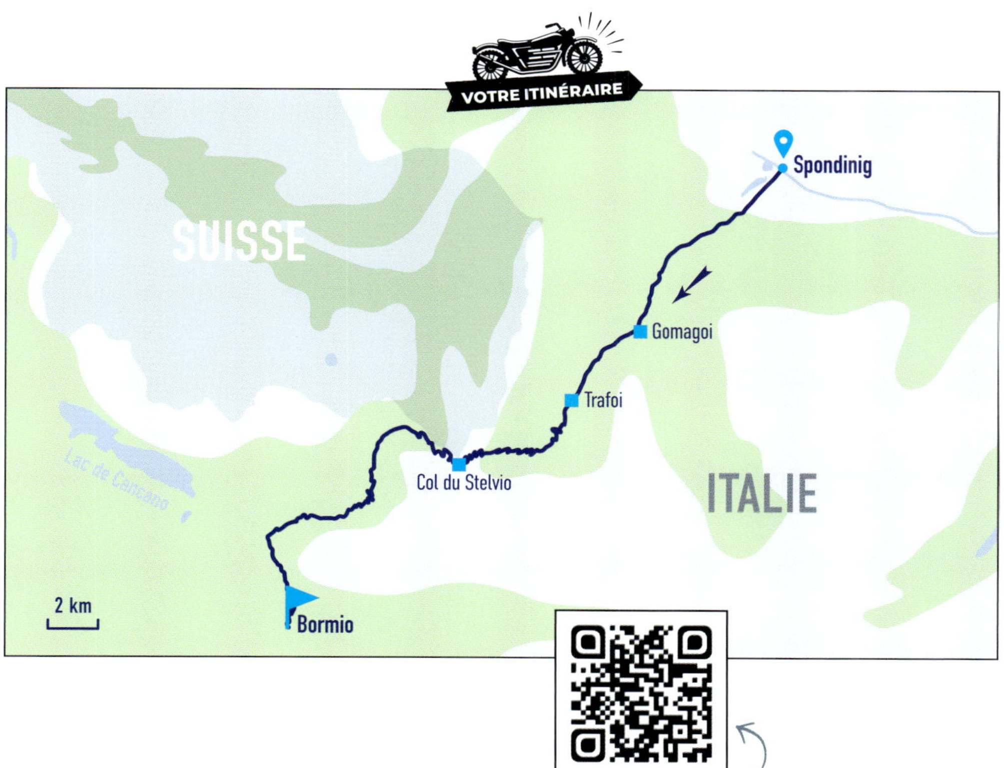

OBTENEZ LE TRACÉ GPX

Italie

LA CÔTE AMALFITAINE

**CERTES, LA PLUS GRANDE PARTIE DE L'ITALIE EST UN CLASSIQUE À MOTO, CE PAYS ÉTANT TELLEMENT BEAU ET PASSIONNÉ DE DEUX-ROUES !
NOUS VENONS DE VOIR LE STELVIO, MAIS IL Y A AUSSI LA SARDAIGNE, LA SICILE, LES DOLOMITES, CORTINA D'AMPEZZO… TOUTEFOIS, LA CÔTE AMALFITAINE A UN PETIT TRUC BIEN À ELLE. ENTRE VIGNOBLES EN TERRASSE, CITRONNIERS À FLANC DE FALAISE, VILLES CONSTRUITES À MÊME LA MONTAGNE ET PETITS PORTS DE PÊCHE ET DE PLAISANCE QUI JOUXTENT LA ROUTE CÔTIÈRE, LA MAGIE OPÈRE INÉVITABLEMENT SUR CETTE CÔTE QUI FAIT PARTIE DES PLUS BELLES AU MONDE.**

ENVIRON 6 H /// **150 KM**

LE GOLFE DE POUZZOLES

Départ du cratère d'Agnano et son lac, dans la réserve nationale de Cratere degli Astroni, située dans un des quartiers ouest de Naples. Cet ancien volcan est un endroit paisible – dans une région où l'activité volcanique n'a pas toujours été de tout repos… – qui vous mettra en jambes pour l'agréable journée de conduite qui vous attend ! Vous êtes en plein cœur des champs Phlégréens (Campi Flegrei), cette région volcanique du golfe de Pouzzoles associée à l'un des « supervolcans » les plus actifs du monde. Petit détour par le volcan de Solfatara pour les aficionados avant de découvrir Pouzzoles (Pozzuoli), dont l'amphithéâtre Flavius et la douceur de vivre ont fait la renommée. C'est à partir de là que vous suivrez la côte et toutes les petites merveilles qui la parsèment, à commencer par Napoli.

NAPLES ET LE VÉSUVE

Après une quinzaine de kilomètres le long des côtes, où la surprenante île de Gaiola sépare la baie de Pouzzoles et celle de Naples, vous arrivez dans le chef-lieu de la région de Campanie. En dehors de ces considérations, c'est également le cliché majuscule de l'Italie avec toute la sympathie qu'il provoque ! Le centre historique de Naples est le deuxième plus grand inscrit au Patrimoine mondial de l'Unesco, avec ses ruelles étroites, dont la Spaccanapoli est l'égérie. Tortueuse et labyrinthique, la ville possède un charme indiscutable qui donne envie de troquer son bolide pour une Vespa (ou une Ducati !) afin de cruiser tranquillement et d'aller visiter la chapelle Sansevero, le monastère de Santa Chiara ou, plus fou encore, l'incroyable Piazza del Plebiscito. Moins joyeux, c'est le néanmoins magnifique parc national du Vésuve et la tristement connue ville de Pompéi qui vous attendent au détour du chemin. L'occasion d'en apprendre davantage sur la tragédie qui s'est déroulée en ce théâtre, tout en admirant la beauté lointaine du Vesuvio.

Le Golfe de Naples et le Vésuve depuis la colline de Posillipo

LA CÔTE AMALFITAINE

En arrivant sur la péninsule de Sorrente, vous découvrez les falaises habitées et les digues rocheuses qui transforment le paysage. Ces petites routes souvent piégeuses fleurent bon la *dolce vita* et un rythme différent où on prend le temps de vivre. Accompagné du soleil transalpin, vous découvrez les incroyables villages troglodytiques de la côte amalfitaine. Leur aménagement vertigineux à flanc de falaise fait preuve d'une ingéniosité que seule la beauté des constructions rupestres arrive à égaler ! Entre voies sinueuses, nature accidentée et villes suspendues, la visite de Positano, le Fiordo di Furore et le détour à Ravello sont autant de spectacles figés et d'émerveillements constants pour les poètes de passage. Quelques plages viennent enrichir le paysage, ainsi que quelques tours centenaires. La dernière quinzaine de kilomètres vous laissera seul, confronté à la nature et aux embruns, avant de vous déposer tranquillement à Salerne, destination finale de ce doux périple.

Ruines antiques de la ville de Pompéi

Route longeant la côte amalfitaine

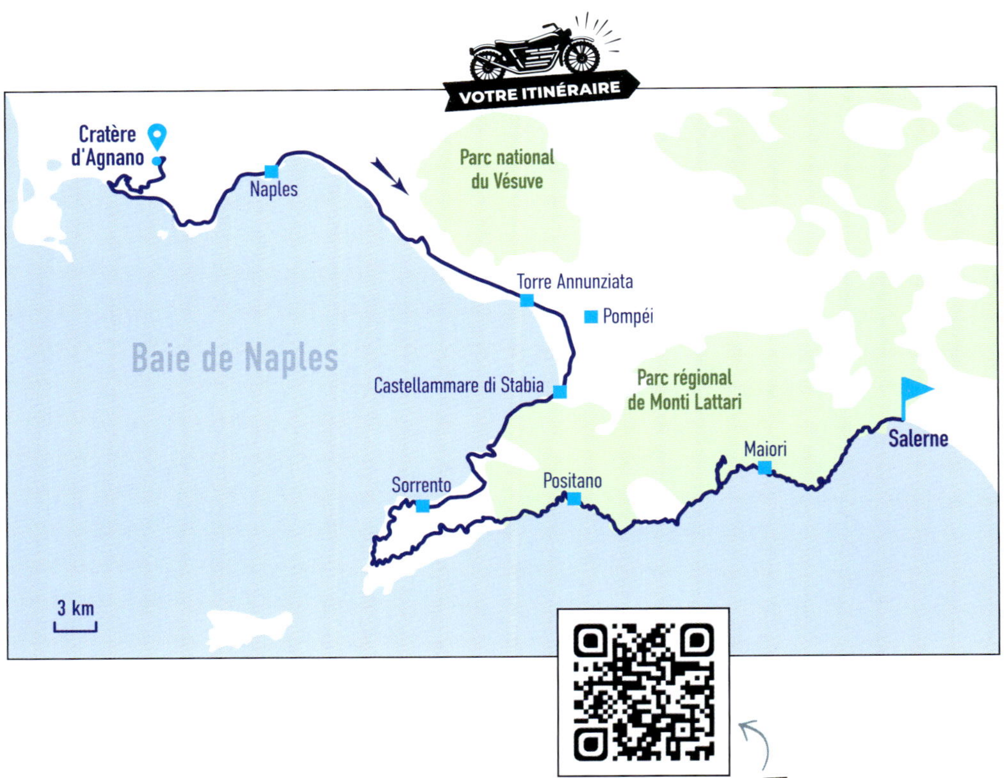

LA CARTE EN PAPIER

Relégué au rang de relique, ce vestige du passé a pourtant de beaux jours devant lui pour l'aventurier avisé ! Au-delà de sa capacité à émerveiller les enfants qui croient peut-être leur usage réservé aux pirates, les cartes ont quelques avantages que les GPS n'ont pas.

En effet, outre le fait qu'on n'aura aucun regret à utiliser sa carte pour écraser un moustique (essayez de lui jeter votre GPS pour voir !), il faut se rendre compte que son aspect « low-tech » est tout de même très pratique. En effet, ne pas dépendre d'une source d'électricité, c'est quand même plutôt appréciable quand on est perdu au milieu des steppes mongoles, des altitudes andines ou de la taïga russe. Même sans être dans ces cas plutôt extrêmes, il peut nous arriver d'oublier l'adaptateur électrique du pays visité, le GPS peut tomber en panne, la prise 12V de la moto peut lâcher, on peut ne pas avoir de couverture satellite, avoir oublié de télécharger la carte alors qu'on refusait de prendre le « pack monde » avec le GPS… Et c'est là que la carte papier prend tout son sens ! Qui plus est, ces cartes ne prennent pas de place et sont souvent résistantes aux intempéries, vous n'avez donc aucune raison de ne pas en emporter.

Reste qu'il faut savoir s'en servir, et cette capacité s'est un peu perdue avec l'omniprésence des GPS. Aussi, si vous n'êtes pas à l'aise pour lire une carte, familiarisez-vous avec son utilisation avant de partir en voyage, sur des trajets qui ne présentent pas de risques, et vous serez au top pour votre aventure !

Vue sur Positano, province de Salerne

Norvège

L'ÉCHELLE DU TROLL

DANS LA SÉRIE DES MERVEILLES DU MONDE, IMPOSSIBLE DE NE PAS MENTIONNER LA TROLLSTIGEN ! SON NOM MÊME, QUI SIGNIFIE « ÉCHELLE DU TROLL », ÉVOQUE LA GRANDEUR DE CETTE ROUTE EXTRAORDINAIRE. ET MÊME SI CELLE-CI, À LA FOIS SAUVAGE ET MAÎTRISÉE, EST TRÈS PRISÉE DES TOURISTES, IL SERAIT IMPENSABLE DE VISITER LA NORVÈGE SANS L'EMPRUNTER AU MOINS UNE FOIS. SON INTÉRÊT DÉPASSE LARGEMENT LA SIMPLE SUCCESSION DE SES ONZE VIRAGES PRINCIPAUX. EXPLOREZ-LA ET LAISSEZ-VOUS EMPORTER PAR CETTE EXPÉRIENCE QUI ALLIE CONDUITE ENGAGÉE ET PAYSAGES GRANDIOSES.

3 H 30 /// 145 KM

DE LANGEVATNET AU FJORD DE GEIRANGER

Avant de partir, assurez-vous d'être bien équipé pour affronter le froid, car les températures en Norvège peuvent être assez rigoureuses, surtout en altitude. Il est crucial de planifier votre voyage pendant la période d'ouverture des cols, généralement de fin mai à mi-octobre. Il serait regrettable de vous rendre là-bas et de ne pas pouvoir en profiter pleinement, n'est-ce pas ?

Le départ se situe déjà à 1 000 mètres d'altitude, sur une route qui ressemble davantage à un chemin de terre qu'à une autoroute moderne. Bien que la Gamle Strynefjellsvegen (vieille route de montagne de Stryne) soit absolument magnifique, avec ses paysages alpins et ses lacs gelés, vous pouvez également partir directement de la RV15 pour faire le tour du lac Breiddalsvatnet. Cette première partie du voyage se déroule principalement au fond de la vallée, avec pour seuls compagnons les chaînes de montagnes et le bleu hypnotisant des eaux environnantes. Pourtant, chaque paysage reste à la fois familier et unique, sans jamais provoquer de lassitude.

En prenant la route 63 en direction de Geiranger, vous vous approchez du Dalsnibba, l'un des points culminants de Norvège, s'élevant à 1 476 mètres d'altitude. Pour y accéder, vous

Panneau avertissant du passage de trolls

Lac Breiddalsvatnet

devrez emprunter la route près de l'auberge Djupvasshytta. Après le règlement d'une créance d'une dizaine d'euros et une ascension de 400 mètres parsemée de virages à donner le vertige à un pilote de MotoGP, vous atteindrez le point le plus élevé de votre périple. Les mots peinent à décrire la vue panoramique depuis le Dalsnibba, qui offre une perspective époustouflante sur le fjord de Geiranger, les sommets enneigés des montagnes environnantes et la tranquillité apaisante du lac Fossvatnet.

Une fois rassasié par cette vision quasi divine, il est temps de reprendre la route sinueuse pour explorer de plus près la ville et ses fjords. Celle menant à Geiranger comporte également son lot de virages, pour une expérience de conduite palpitante. À peine avez-vous quitté des yeux l'éblouissante étendue d'eau bleu-vert que vous vous retrouvez déjà à gravir une pente atteignant parfois 9 % ! Cette voie vous mène à Eidsal, où vous pourrez embarquer sur le ferry pour entamer la partie la plus touristique de votre périple.

PARTIR AVEC UNE MOTO RÉVISÉE

Cela peut paraître idiot, dit comme cela, mais c'est tellement évident qu'on l'oublie parfois : partir avec une moto révisée est une nécessité ! Outre la révision basique, c'est-à-dire le changement de l'huile, du filtre idoine et du filtre à air, ainsi que la synchronisation des carburateurs/injection, il est essentiel de bien checker l'état général de la moto. Usure des pneus, de la chaîne (et de ses pignons), vérification du liquide de frein, des joints spis, etc., à changer absolument en cas de besoin ou de doute : le maître-mot étant de ne pas prendre de risques !

Øvstestølbrua, Norvège

Gudbrandsjuvet, dans le Valldalen

LE TROLLSTIGEN

Après avoir mis pied à terre, tournez à droite en direction de Valldal, abandonnant derrière vous l'immensité du fjord que vous venez de traverser en ferry, pour vous aventurer vers l'échelle et les merveilles disséminées le long du chemin du Troll. Si la fatigue commence à se faire sentir, ne vous inquiétez pas, de nombreuses aires de repos ont été aménagées le long de cet itinéraire pour rendre le voyage agréable à tous. Ces arrêts pratiques constituent également l'occasion de découvrir les joyaux dont nous avons précédemment parlé. La cascade de Gudbrandsjuvet en est un exemple remarquable, avec le débit impressionnant de la rivière Valldøla et les points de vue sur la vallée désormais lointaine.

Plus loin, le moulin à eau propose une perspective différente de ce lieu plein de vigueur. L'aspect fantastique et pittoresque d'Øvstestølbrua évoque des visions d'elfes et de dragons qui pourraient bien se sentir ici chez eux. Alors que vous progressez, les montagnes ressemblent à des hallucinations, vêtues de leurs manteaux gris et de leurs voiles blancs. Les vastes étendues de végétation luxuriante sont d'un vert presque irréel, et les eaux sont tantôt aussi calmes qu'un lac olympien, tantôt aussi tumultueuses qu'une cavalcade de Valkyries.

En pénétrant plus profondément dans le parc national, au cœur de cette immense vallée, et en suivant les courbes serpentines jusqu'aux onze virages les plus célèbres du pays, vous apercevez la cascade de Stigfossen qui vous salue au loin. Veillez à utiliser judicieusement votre frein moteur pour descendre en douceur, car malgré l'excellent état de la chaussée, nous sommes toujours sur des pentes atteignant parfois 9 % et qui peuvent s'avérer glissantes. Tout en restant prudent, savourez la vue sur ce nouveau paysage, toujours aussi majestueux, et laissez-vous guider en toute harmonie le long des virages en épingle, en parfaite symbiose avec votre monture mécanique. Onze virages, cela peut sembler peu, et pourtant, ceux-ci ont une aura qui nous émeut au plus profond de notre être, alors que nous tentons d'immortaliser ces images dans notre mémoire pour l'éternité.

Après un dernier adieu à la cascade, il est temps d'accepter de poursuivre le voyage. Les quelques kilomètres jusqu'à Sogge Bru ou Åndalsnes vous offriront heureusement un moment de répit pour vous remettre de toutes ces émotions.

Les cascades Trollstigen et Stigfossen

VOTRE ITINÉRAIRE

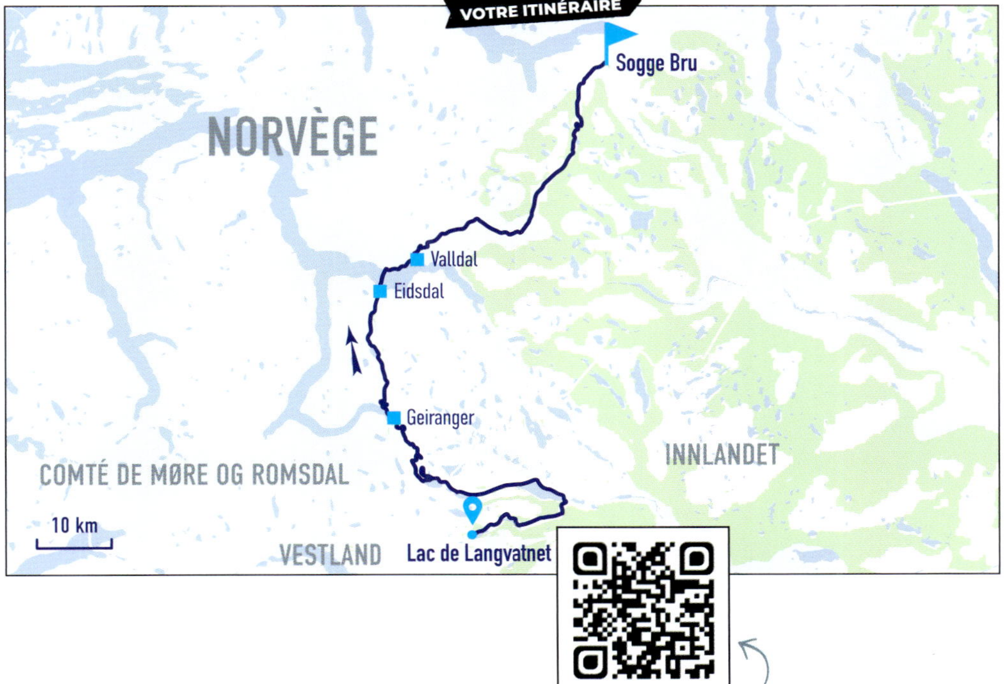

OBTENEZ LE TRACÉ GPX

Portugal

LA CÔTE D'ESTORIL

AVANT PORTIMÃO, LES FANS DE MOTOGP SE SOUVIENNENT PEUT-ÊTRE DU CIRCUIT D'ESTORIL, AU PORTUGAL, QUI A VU DES LÉGENDES COMME CASEY STONER OU VALENTINO ROSSI S'IMPOSER ENTRE 2000 ET 2012. TOUTEFOIS, AU-DELÀ DE LA RECONNAISSANCE SPORTIVE DE CETTE PARTIE DU PAYS, LA RIVIERA DE LISBONNE POSSÈDE D'INNOMBRABLES QUALITÉS QUI ATTIRENT DES MILLIERS DE TOURISTES CHAQUE ANNÉE. ENTRE AIR PUR, SOLEIL BRÛLANT ET PLAGES DE SABLE FIN, DÉCOUVREZ CETTE CÔTE SURCHAUFFÉE QUE L'EAU FROIDE DE L'OCÉAN ATLANTIQUE NE SAURA PAS TEMPÉRER !

5 H /// **100 KM**

L'Autodromo do Estoril à Cascais

SINTRA

Pour ceux qui aiment poncer leurs sliders et taper des chronos, nous avons donc prévu un départ du célèbre circuit ! Avec ses 4 182 mètres et ses plus de cinquante ans d'existence, il y a matière à se surpasser, et pourquoi pas à rêver un peu en tentant de battre les records de nos idoles du Grand Prix de moto. Mais ne restons pas là alors que les beautés de Sintra nous attendent, à commencer par sa forêt. L'itinéraire se veut assez tortueux : d'abord sud, puis sud-est, et enfin ouest, avant de remonter non loin de votre point de départ. À croire qu'on veut vous perdre !
En réalité, cet espace est tellement joli et agréable que ne pas en profiter au maximum serait criminel. Vous pourriez y errer toute la journée sans vous en lasser. Le parc naturel regorge de points à couper le souffle et ses balades, qu'elles soient motorisées ou non, ne laissent pas de marbre. Parmi les incontournables, le Palácio Nacional da Pena, sur la cime du mont Sintra (encore !), est éclatant, son jaune exubérant explosant au cœur et à travers la végétation luxuriante qui l'entoure. Mais le point d'orgue de cette visite, c'est la Quinta da Regaleira, au nord du parc et à proximité immédiate de

Palais de Pena à Sintra

Sintra, la ville. Ce palais construit en 1910 et pratiquement oublié des touristes regorge de symboles ésotériques et de représentations mystiques, enveloppant le domaine d'un voile de secrets qui ne demandent qu'à être découverts. Vous avez probablement déjà vu des images de cette merveille sans même le savoir. Les photos de la tour inversée de ce lieu mystérieux ont fait le tour du monde, avec son escalier ténébreux qui s'enfonce dans les entrailles de la terre.

LA CÔTE D'ESTORIL ET CASCAIS

La seconde moitié du trajet nous fait quitter les dénivelés modérés et les courbes impétueuses des routes du parc de Sintra, pour lui préférer les plages conquises par ceux qui préfèrent bronzer ou surfer, ou le littoral rocheux qui fend fièrement l'océan. Si Cascais et Estoril ont des airs de stations balnéaires de luxe qui ne plairont peut-être pas à tout le monde, reste que tout autour, ce sont des paysages fabuleux et un climat agréable qui mettent ces villes en valeur. Le long de ce trajet sur le littoral orienté plein sud,

La Quinta da Regaleira à Sintra

La côte d'Estoril

vous ne pourrez d'ailleurs que profiter du soleil qui tape sur les différentes forteresses mauresques que vous croiserez, très typiques de la péninsule Ibérique. Cette route tannée par le soleil vous mène à Lisbonne et son magnifique estuaire, l'embouchure du fleuve Tage. Évidemment, une visite du Portugal ne peut se faire sans explorer sa capitale, qui a été médaillée troisième ville la plus accueillante du monde. La musique populaire qu'est le fado y est plus joyeuse qu'à Coimbra, s'accordant parfaitement avec la cité pleine de couleur et de vie qu'est Lisbonne. Laissez-vous porter par ses airs et ses notes, profitez de la gentillesse et de l'hospitalité naturelle des Portugais et appréciez cette ville charmante et ce pays à l'héritage incomparable.

S'ADAPTER AUX COUTUMES LOCALES

Malheureusement, les Français ont la réputation d'être parmi les pires touristes du monde. Et d'après les enquêtes corroborant ce classement, nous n'aurions pas la volonté de parler une langue étrangère, nous serions radins, râleurs et impolis... Pourtant, adopter le comportement opposé offre tellement d'avantages !

Parler quelques mots basiques de la langue du pays visité peut aider à améliorer ses interactions en montrant son respect pour la culture locale. C'est également un bon moyen de se faire apprécier par les locaux et de recevoir les bons conseils que vous ne pourriez pas obtenir autrement. Connaître les coutumes locales et les règles de politesse vous évitera bien des crises diplomatiques. On pense par exemple aux règles liées aux pourboires ou au refus d'un cadeau, de nourriture ou de tout autre geste d'hospitalité, ce qui pourrait être perçu comme une insulte. Découvrir la cuisine locale est évidemment un excellent moyen d'explorer des saveurs totalement inédites. La visite des sites historiques et culturels permet également de comprendre la région qui vous accueille et les personnes qui la peuplent. C'est d'ailleurs un très bon moyen de soutenir l'économie locale. Chaque culture possède quelque chose à offrir. Ces nouvelles expériences enrichissent notre perception du monde et nos capacités les plus fondamentales et belles, comme l'empathie et l'adaptation, de si précieuses qualités.

Le phare de Santa Marta et le musée municipal de Cascais

La Riviera portugaise, ou « Costa do Estoril »

OBTENEZ LE TRACÉ GPX

Roumanie

LA TRANSFAGARASAN

LA TRANSFĂGĂRAŞAN, RECONNUE COMME L'UNE DES ROUTES LES PLUS SPECTACULAIRES AU MONDE (RIEN DE MOINS !), EST UN TRACÉ DE MONTAGNE À TRAVERS LES CARPATES OFFRANT UNE VUE IMPRENABLE SUR TOUTE LA ROUMANIE EN SERPENTANT ENTRE SES SOMMETS LES PLUS ÉLEVÉS. SURNOMMÉE PARFOIS LA « FOLIE DE CEAUŞESCU », ELLE A GAGNÉ SES GALONS EN TRAVERSANT DES FORÊTS DENSES, DES LACS DE MONTAGNE SCINTILLANTS, DES CASCADES RUGISSANTES, DES VERSANTS ENNEIGÉS, DES COLS VERTIGINEUX ET DES TUNNELS IMPRESSIONNANTS. UNE PROFUSION DE PAYSAGES D'UNE BEAUTÉ EXCEPTIONNELLE QUI ATTIRENT LES MOTARDS AVIDES DE SENSATIONS FORTES, LES AMOUREUX DE ROUTES ÉLÉGANTES ET LES PASSIONNÉS DE NATURE.

2 H 30 /// 120 KM

Vue panoramique de la Transfagarasan

UN PEU D'HISTOIRE

Bien que la Transfăgăraşan soit aujourd'hui une route touristique spectaculaire avec des panoramas à couper le souffle procurant un émerveillement permanent, l'histoire de ses origines est plus sombre. En 1968, après l'invasion de la Tchécoslovaquie par l'URSS, Ceauşescu a pris la décision de construire une route à travers les Carpates méridionales – et en particulier le mont Făgăraş, qui lui a donné son nom – avec un objectif très clair : dans un pays montagneux où les déplacements sont souvent lents, l'armée devait pouvoir rejoindre rapidement le nord en cas d'invasion ennemie.
Commencée en 1970 et achevée en 1974, la réalisation de ce projet colossal a principalement été effectuée par les militaires de l'armée roumaine, dans un effort intense et avec d'énormes ressources, que ce soit pour la construction de la chaussée, le percement des tunnels, le transport des matériaux sur les centaines de kilomètres que compte cet itinéraire, ou pour l'élaboration d'un barrage et de viaducs ! Imaginez, plus de 6 000 tonnes de dynamite ont été nécessaires, et malheureusement une quarantaine (voire une centaine selon certains témoignages) d'ouvriers ont perdu la vie pour atteindre ce résultat.
Bien que l'ennemi redouté n'ait finalement jamais franchi les frontières roumaines, les vestiges de cette époque offrent aux rêveurs et aux amoureux de la nature l'opportunité d'apprécier les vastes espaces naturels préservés des Carpates.

LA PLUS BELLE ROUTE DU MONDE

Certes, les préférences de chacun varient, mais il suffit de suivre cet itinéraire pour comprendre que ce titre est amplement mérité. Si le parcours peut être effectué dans les deux sens, nous vous proposons aujourd'hui de partir du nord pour rejoindre le sud, de Cârțișoara à Curtea de Argeș. Cependant, il convient de noter que cette aventure n'est envisageable que pendant une courte période de l'année. En effet, qui dit route de montagne dit conditions météorologiques changeantes et parfois difficiles. Avant de partir, assurez-vous que le col est ouvert, sachant que la période d'ouverture se situe généralement entre fin juin et mi-octobre, avant que la Transfăgărașan ne retombe dans son sommeil hivernal. Pensez également à vous équiper en conséquence : à une altitude de 2 000 mètres, les températures peuvent être nettement moins clémentes. Enfin, soyez conscient que la vitesse est généralement limitée à 40 km/h sur cette route et que ces restrictions ne sont pas superflues étant donné les virages serrés, le trafic parfois dense et chaotique, voire la présence de vaches sur la chaussée.
En entamant votre périple sur le versant nord, vous serez enchanté par les paysages montagneux où la neige est souvent plus abondante que sur l'autre versant. La route étroite vous conduit à travers divers décors au fil de votre ascension : d'abord la dense forêt d'épicéas et de pins, puis les falaises tapissées de végétation, une végétation qui se

Arrivée au sommet

Passage du col de Bâlea

fait de plus en plus rare alors que vous grimpez, laissant apparaître la roche nue et sa surface usée. À l'approche des nuages, les vallées environnantes se dévoilent, révélant tout le potentiel majestueux des montagnes du Făgăraş !

Après avoir franchi un dénivelé positif de plus de 1 500 mètres, vous atteignez enfin le sommet espéré ! Vous traversez le col de Bâlea, niché au creux des montagnes environnantes, et vous approchez du lac du même nom en serpentant sur une succession de virages, de lacets et d'épingles à cheveux. Un seul mot d'ordre : prendre son temps et savourer l'instant ! Entre les nombreuses cascades, les points de vue panoramiques omniprésents et d'autres merveilles que vous ne croiriez pas possibles si vous ne les aviez pas sous les yeux, la Transfăgăraşan est véritablement un lieu magique ! Prenez un moment pour contempler le magnifique bleu turquoise du lac glaciaire de Bâlea et admirer le mont Moldoveanu, point culminant de la Roumanie, qui s'élève à 2 544 mètres.

Après avoir pris le long et surprenant tunnel, pratiquement non éclairé, creusé dans la montagne, vous entamez votre descente, toujours accompagné de paysages époustouflants. Le lac artificiel, le barrage et la cascade de Vidraru font partie intégrante de cette expérience inoubliable. Cette portion du trajet est également marquée par la proximité du château de Poenari, dont la visite marque la fin du tronçon le plus remarquable de votre voyage. Pour terminer cette journée en beauté et éviter toute mélancolie, nous vous conseillons de vous arrêter à Curtea de Argeș et de visiter l'impressionnant monastère, nécropole des premiers rois de Roumanie, dont les tours torsadées risquent de vous laisser sans voix !

L'INTERFILE

Vaste sujet que l'interfile ! Entre partisans et détracteurs, le débat ne trouvera pas de réponse aujourd'hui, alors parlons plutôt des usages.

Si faire de l'interfile évite le risque mortel de finir en sandwich entre deux voitures, cela entraîne toutefois d'autres dangers qu'il faut apprendre à repérer et éviter. Parmi ceux-ci, il faut garder en tête que les automobilistes oublient parfois l'existence des motards, et donc que garder un différentiel de vitesse faible est assez salvateur, surtout au moment où le trafic commence à reprendre. Chercher le regard des conducteurs dans leurs rétros est un bon moyen de deviner s'ils ont l'esprit à la route ou s'ils sont sur leur téléphone. La direction des roues est également un bon indicateur de la prochaine manœuvre. Nul besoin de conduire de manière agressive ou de forcer le passage, vous perdrez forcément du temps si vous devez faire un détour aux urgences. Gardez une distance correcte avec le motard qui vous précède et faites surtout attention aux effets accordéon, propices aux changements de file, moment le plus dangereux en interfile. Enfin, cela devrait paraître logique, mais on est censé ne pratiquer l'interfile qu'en cas d'embouteillage !

Les pays où l'interfile est autorisé : USA (selon les États), Espagne, France (en test), Irlande, Italie, Norvège, Portugal, Royaume-Uni, Colombie, Équateur, Australie, Nouvelle-Zélande.

En Asie, rien n'est vraiment clair, mais cela semble être toléré dans tous les pays cités dans ce livre.

La Transfagarasan dans les Carpates

Citadelle de Poenari à Arges

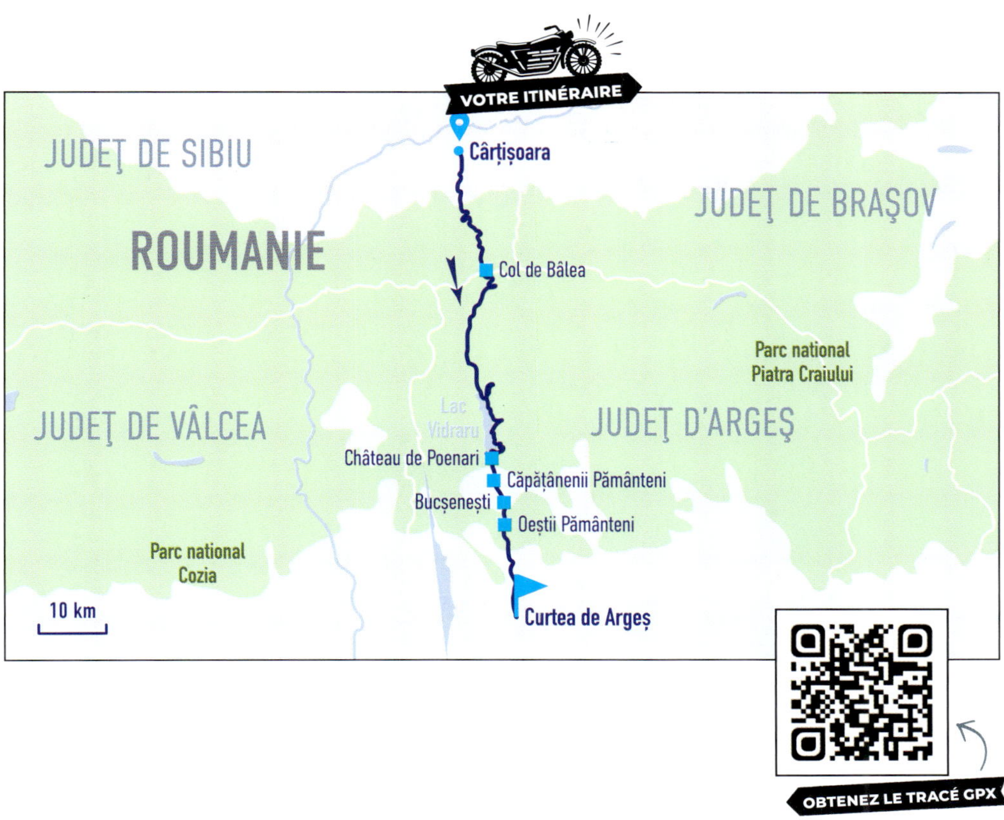

OBTENEZ LE TRACÉ GPX

Suisse

LE COL DE LA FURKA

SI LA SUISSE EST CÉLÈBRE POUR SON SAVOIR-FAIRE EN HORLOGERIE, SON DÉLICIEUX CHOCOLAT ET SON FROMAGE FONDU, ELLE L'EST TOUT AUTANT POUR SES ALPES MAJESTUEUSES, SES GLACIERS IMMACULÉS ET SES VALLÉES VERDOYANTES. POUR UN PASSIONNÉ DE MOTO, LES ALPES SONT UN VÉRITABLE PARADIS ! DIRECTION MEIRINGEN, PETITE COMMUNE DU CANTON DE BERNE, QUE VOUS REJOINDREZ DEPUIS CETTE MÊME VILLE EN EMPRUNTANT UNE ROUTE DES PLUS PLAISANTES. PRÉPAREZ-VOUS À CONQUÉRIR TROIS COLS PARMI LES PLUS EMBLÉMATIQUES DE SUISSE ET MÊME DU MONDE : LES COLS DU SUSTEN, DE LA FURKA ET DE GRIMSEL.

2 H 40 | 130 KM

Vue des cols de la Furka et de Susten

QUELQUES PRÉPARATIFS

Tout d'abord, il est essentiel de noter que les cols ne sont pas ouverts toute l'année : ils sont généralement accessibles de juin à octobre, selon les conditions météorologiques. Vérifiez sur le site Alpen-Pässe pour obtenir les informations les plus récentes. Et sachez que ces routes sont très prisées. Soyez vigilant vis-à-vis des autres motards, cyclistes et camping-cars que vous rencontrerez, certains adoptant parfois une conduite audacieuse. Et qui dit conduite risquée dit présence potentielle de la police ! Tous ces éléments soulignent l'importance de la prudence et peuvent vous inciter à envisager une visite en semaine plutôt que durant le week-end.
Ensuite, à une altitude de 2 000 mètres, il peut faire assez frais, alors pensez à vous équiper en conséquence. Enfin, malgré la beauté extraordinaire des Alpes suisses, gardez toujours votre attention polarisée sur la route ! Ce trajet est long et physiquement exigeant en raison du grand nombre de virages qu'il comporte. Hydratez-vous régulièrement, faites des pauses fréquentes et ne poussez jamais au-delà votre limite, surtout si vous êtes un motard débutant.

LE COL DE SUSTEN

Depuis Meiringen, mettez le cap vers le col de Susten, perché à une altitude de 2 264 mètres. Considéré comme l'un des cols les plus impressionnants des Alpes suisses, il offre des lacets en épingle à cheveux, des paysages alpins à nous rendre muets et une vue imprenable sur la vallée de la Reuss. Cette montée célèbre est un défi de taille pour les motards chevronnés.
Le chemin vers le col commence par une pente régulière le long de l'Aar, puis devient de plus en plus raide à mesure que vous approchez. Que vous préfériez les virages serrés ou les panoramas grandioses sur les montagnes (ou les deux !), vous ne serez pas déçu. Une halte au sommet est incontournable pour contempler la vue et prendre quelques photos.

LE COL DE LA FURKA

La route se poursuit en direction du col de la Furka, en passant par Wassen et Andermatt, où vous pourrez faire une pause pour reprendre des forces si vous n'avez pas déjà succombé aux délices de la cantine du Sustenhöhe. Le col de la Furka culmine à pas moins de 2 431 mètres, ce qui en fait le plus haut des trois cols proposés aujourd'hui, mais c'est surtout le plus célèbre. Cette renommée est en partie due au film *Goldfinger* et à l'agent 007, le plus emblématique des espions, qui se retrouve pourchassé par une Ford Mustang le long des virages sinueux de ce col dans une scène mémorable.
Bien que vous puissiez parcourir cet itinéraire dans le sens de votre choix, nous vous recommandons cette version pour profiter pleinement de l'ascension interminable et spectaculaire de ce col, sans la poursuite automobile bien sûr ! Au sommet, vous jouirez d'une vue incomparable sur le glacier d'Aletsch, le plus grand des Alpes suisses, véritable emblème de la beauté de cet endroit.

LE COL DE GRIMSEL

De retour sur la route en direction du dernier col de ce parcours, et afin de vous accorder un repos bien mérité, vous aurez la possibilité de faire une halte au village de Gletsch pour visiter le musée du Glacier. Le col de Grimsel, quant à lui, se situe légèrement en contrebas du col de la Furka, avec ses 2 164 mètres d'altitude. Vous atteindrez votre destination après avoir emprunté une route faite, sans surprise, de lacets et d'épingles à cheveux toujours aussi serrées et stimulantes. Le paysage évolue cependant un peu alors que vous traversez des forêts de conifères, une vue que vous avez peu rencontrée jusqu'à présent et qui vient enrichir la diversité de ce que vous avez déjà découvert.

Lever de soleil au col de la Furka

La beauté de Grimsel et son caractère unique résident en grande partie dans ses lacs alpins scintillants et dans son barrage hydroélectrique, érigé en 1932 et dont la taille imposante permet de fournir de l'électricité aux habitants de la vallée suisse. Au-delà de son aspect pratique, cela offre surtout une vue à couper le souffle sur des sommets spectaculaires, sur les eaux calmes qui vous invitent à la détente, que ce soit en sirotant une boisson ou en dégustant un petit café.

Il ne vous reste plus qu'à parcourir les derniers kilomètres pour retourner à Meiringen et prendre du repos, car après ce « triathlon des trois sommets », il ne fait aucun doute que vous serez épuisé !

RESTER HUMBLE EN TOUTES CIRCONSTANCES

« Oui, on sait, tu le dis dans tous tes textes ! »

Eh oui, on le sait que la moto, c'est dangereux. Qu'il faut faire attention. Mais je vous entends d'ici : « Mais moi, je ne suis pas comme ça, je fais attention. Je roule tranquille. La plupart du temps… Et puis j'ai de l'expérience. Ça fait longtemps que j'ai mon permis. Bon, je roule plus autant qu'avant, mais quand même… je me laisse plus surprendre ! Enfin, sauf cette fois-là, où le type a déboulé … » Bref…

Ces excuses, on les a tous évoquées. Mais le fait est là, on est humains, on se laisse tous parfois emporter par notre envie de vivre l'expérience à fond, et si on se calme en vieillissant, on perd malheureusement en temps de réaction, capacités physiologiques, etc.

Il n'est pas dans mon intention de vous faire la morale ou de vous raconter les détails de ma vie privée, mais j'ai assez roulé pour savoir qu'un accident grave, ça arrive très vite. Beaucoup trop vite. Vous n'êtes pas plus fort qu'une falaise, qu'un automobiliste qui n'a pas regardé dans son rétro, qu'une barrière, que du bitume qui défile à une vitesse folle en dessous de vous, qu'une tache d'huile sur la route, qu'une plaquette de frein perdue par un camion, que du gravier, que…

Donc pensez à vous, pensez à vos proches, ceux qui vous aiment et que vous aimez, et faites en sorte de rester en vie pour toutes ces bonnes raisons. Être toujours humble, c'est fondamental.

Vue depuis le col Grimsel de son réservoir artificiel

Glacier du Grand Aletsch

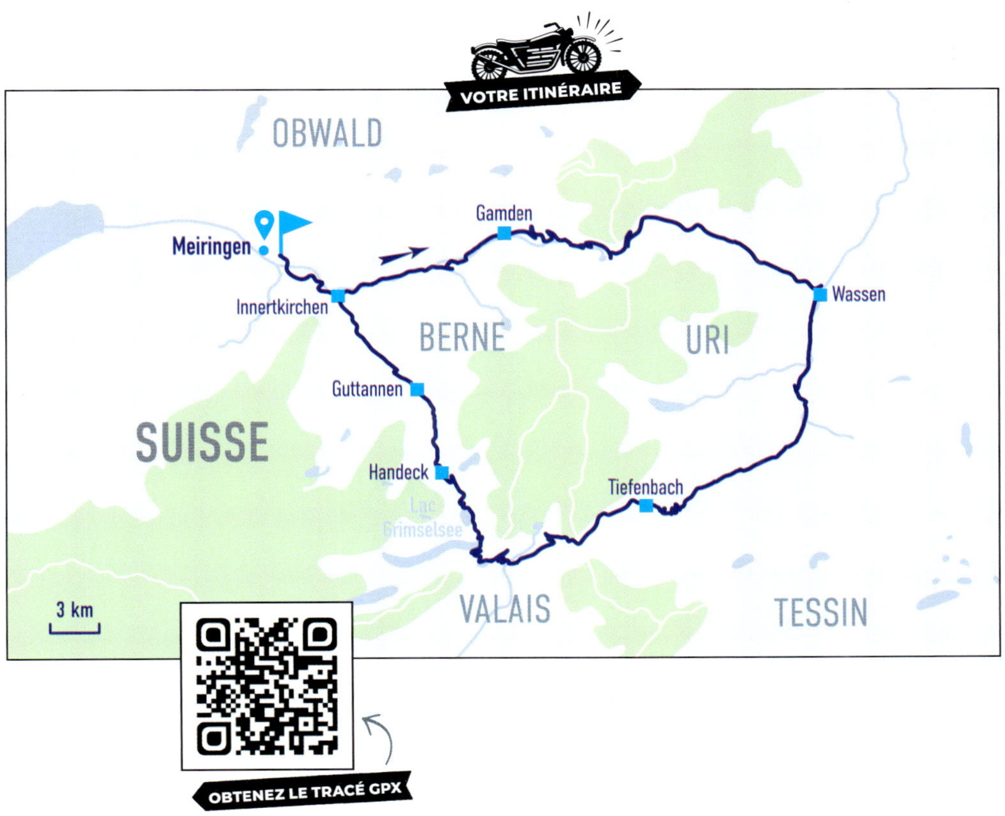

OBTENEZ LE TRACÉ GPX

Eurasie

LA ROUTE DE LA SOIE

DE CHANG'AN À CONSTANTINOPLE – AUJOURD'HUI XI'AN ET ISTANBUL –, CE RÉSEAU DE ROUTES COMMERCIALES QUI RELIAIT LA CHINE À LA TURQUIE SERVAIT AU TRANSPORT DES MARCHANDISES, DONT LA PLUS PRÉCIEUSE ÉTAIT LA SOIE, D'OÙ SON NOM. LA ROUTE DE LA SOIE EST UN VOYAGE MILLÉNAIRE QUI A MIS EN RELATION DES CULTURES TRÈS DIFFÉRENTES ET CONTINUE DE FAIRE RÊVER LES AVENTURIERS EN QUÊTE DE DÉCOUVERTE ET DE COMPRÉHENSION DU MONDE QUI LES ENTOURE.

6 MOIS /// **10 000 KM**

ATTENTION, AVANT DE PARTIR, RENSEIGNEZ-VOUS ! CERTAINES DESTINATIONS PEUVENT ÊTRE DÉCONSEILLÉES POUR VOTRE SÉCURITÉ.

Sainte-Sophie à Istanbul

CONTEXTE HISTORIQUE

Les routes de la soie sont un ensemble de voies qu'il serait impossible de répertorier et qui ont longtemps constitué le plus important lien entre Orient et Occident. Les premières auraient existé vers 138 avant notre ère, lorsque Zhang Qian, un explorateur de l'empire chinois, fut envoyé en tant que diplomate en Asie centrale. Dès lors, elles continuèrent à se développer au fil des siècles. Si elles ont permis de transporter des biens et des ressources à travers l'Asie, l'Europe et le Moyen-Orient, par voie terrestre et maritime, elles ont également été le canal par lequel ont transité de nombreuses idées, techniques, savoirs et religions qui ont eu un impact énorme sur cette partie du monde. C'est par exemple grâce à elles que l'imprimerie a fini par être diffusée en Europe, mais également que l'Occident a pu posséder des boussoles et de la poudre à canon. Après moult rebondissements et péripéties, notamment après la fin de la paix mongole ainsi que l'ouverture des routes des épices qui les ont concurrencées, ces routes dangereuses et traversant des contrées au climat extrême ont progressivement été abandonnées au XVe siècle. Ne restent aujourd'hui que quelques récits devenus légendaires, comme celui du célèbre Marco Polo.

DÉPART DU MOYEN-ORIENT

Pour cette version moderne de la route de la soie, le départ se fera depuis la sublime Turquie, et plus précisément Istanbul, qui fut aussi appelée Constantinople et Byzance et dont l'héritage culturel et historique est d'une grande richesse. Un lieu particulièrement touristique, dont la renommée mondiale a plus de 2 600 ans ! Une atmosphère très particulière s'en

dégage et tous vos sens méritent de s'imprégner de cette culture. Un plaisir à voir, à sentir, à écouter et à goûter ! En quittant la région de Marmara pour la Cappadoce, vous traversez les incroyables plateaux anatoliens. Il vous faut absolument aller voir les villes troglodytiques et les canyons qui ont été creusés dans le tuf volcanique. Ce paysage atypique, façonné par les éléments depuis des millions d'années ainsi que par la main de l'homme, ne dépareille pas avec la mer Noire, que vous atteignez bientôt et que vous longerez jusqu'en Géorgie, car il est impossible de suivre le tracé originel de la route de la soie, qui passait en Syrie et en Irak. Entre Europe et Asie, la Géorgie rassemble les montagnes

Vardzia, monastère rupestre en Géorgie

Habitations troglodytes et cheminées de fées de la Cappadoce

Monastère apostolique arménien de Tatev, datant du IXe siècle

du Caucase, les vignobles de Kakhétie, des déserts et des steppes. À Vardzia, vous pourrez découvrir un fabuleux monastère creusé dans la roche avant de vous rendre dans la paisible Tbilissi et de découvrir le khachapuri, le khinkali et d'autres mets absolument délicieux, ainsi que la fameuse hospitalité géorgienne.

Puis c'est l'Arménie, et toujours une foule de beautés naturelles, avec des routes parfois aléatoires ainsi qu'un peuple accueillant et d'une curiosité bienveillante envers les étrangers. Erevan, la capitale, est incontournable, mélangeant avec brio tradition et modernité et mérite d'être découverte. Plus au sud, ne ratez pas le monastère de Tatev et les routes sinueuses qui y mènent. Cet édifice religieux perché sur sa dantesque falaise n'est rien moins que spectaculaire !

La route vers l'Iran est difficile et fatigante par le sud. Malheureusement, l'Azerbaïdjan n'est pas une option pour y arriver, les frontières avec l'Arménie étant fermées. Une fois la démarcation avec l'Iran passée (vérifiez avant si les frontières sont ouvertes, les relations avec les voisins étant tendues), le pays est tout en contrastes. Contraste entre la simplicité du désert et l'exubérance du marché de Tabriz. Contraste entre les traditions séculaires et la modernité des jeunes de Téhéran. Contraste entre la richesse des monuments et des mosquées d'Ispahan et le minimalisme des tours des vents de Yazd et son désert, peu après les montagnes. Et toujours, cette ouverture vers l'étranger, cet accueil, cette chaleur... Impossible de ne pas tomber amoureux de ce pays incroyable !

EN ASIE CENTRALE

Difficile de visiter le Turkménistan... Il faut souvent une invitation d'une agence de voyages locale pour réussir à obtenir un visa. Celui de transit est plus simple à obtenir. Il faut cependant fournir des visas pour les pays d'entrée

Ispahan, site du patrimoine mondial de l'UNESCO, Iran

et de sortie afin d'y accéder, et cela limite grandement la possibilité de visiter le pays. C'est dommage, car il regorge de petites merveilles comme la très surprenante capitale, Achgabat, tout en marbre blanc, ou la « porte de l'Enfer » de Darvaza, dans le désert de Karakoum. Ce gigantesque cratère de gaz naturel est en flammes depuis les années 1970 et offre un spectacle fascinant et inquiétant à la fois. En Ouzbékistan, ne ratez pas les villes de Boukhara et Tachkent, qui s'opposent de bien des manières. La première est une ville historique au passé riche et à l'histoire plus de deux fois millénaire. La capitale, à l'inverse, est très moderne et juste à côté du Kazakhstan, que vous atteignez bientôt et qui se partage entre vastes steppes, montagnes majestueuses et villes modernes. Vous passerez par Almaty et sa... patinoire ! Mais également sa station de ski, juste avant d'entrer dans le parc national d'Altyn-Emel.

La porte de l'Enfer de Darvaza

Désert de Gobi, Mongolie

LA CHINE, LÀ OÙ TOUT A COMMENCÉ

La première difficulté en arrivant en Chine, c'est qu'il vous faut l'aide d'une agence de voyages, car vous devez obligatoirement prendre un guide pour avoir le droit de vous déplacer dans le pays. Si votre visa et les formalités administratives sont en règle, vous pourrez vous engager dans les immensités montagneuses et désertiques de la région autonome ouïghoure du Xinjiang. Après avoir dépassé sa capitale, vous entamez un petit bout du désert de Gobi et contournez la Mongolie-Intérieure par le sud. Peuplée de nomades, de dromadaires et de dunes qui changent en permanence les points de repère, cette zone aride a des airs de Sahara... si on oublie les hautes montagnes qui se tiennent en arrière-plan.

LE CARNET DE PASSAGE EN DOUANE

Peut-être n'avez-vous pas entendu parler du carnet de passage en douane, dit « CPD » ou « carnet ATA ». Pourtant, il est très fortement conseillé pour voyager, voire obligatoire dans certains pays. À sa création en 1913, ce document douanier avait pour objectif de faciliter l'admission temporaire des véhicules à moteur dans les pays où ils se rendaient.

Ce document facilite grandement l'entrée dans un territoire, car il offre des garanties à l'État visité quant au paiement des droits de douane, de taxes d'entrée, d'éventuelles assurances, mais surtout dans le cas où le véhicule ne serait pas réexporté vers son pays d'origine à l'issue du temps de séjour autorisé.

Pour obtenir ce carnet, valable un an, il vous faut déposer sur le site des douanes françaises le formulaire de demande complété et signé, mais également la photocopie de votre passeport, de votre permis de conduire, du certificat d'immatriculation et du numéro de moteur de votre véhicule.

Une caution dont le montant varie selon les États vous sera également demandée. En cas de voyage long et à travers plusieurs contrées, la note peut très vite grimper ; certains pays, comme l'Iran, demandant 150 % de la valeur vénale du véhicule. Ainsi, si votre moto vaut 10 000 euros à l'argus, on vous demandera un dépôt de 15 000 euros. Évidemment, cette caution vous sera remboursée à votre retour en France, lorsque les douanes vous délivreront un certificat de présence.

À ce moment de votre voyage, vers Jiayuguan, vous êtes tout au bout de la Grande Muraille de Chine ! Ces fortifications militaires construites, détruites, reconstruites au fil des siècles, ont su traverser le temps et continuent de nous impressionner. La plus importante création architecturale jamais construite monte en moyenne à 7 mètres de hauteur pour une largeur de 5 mètres et aurait eu une longueur de plus de 21 000 kilomètres ! Sur votre route pour Xi'an et ses soldats de terre cuite, point final de votre quête, vous en croisez plusieurs tronçons alors que vous revenez petit à petit vers la civilisation et des contrées plus peuplées.

Grande Muraille de Chine

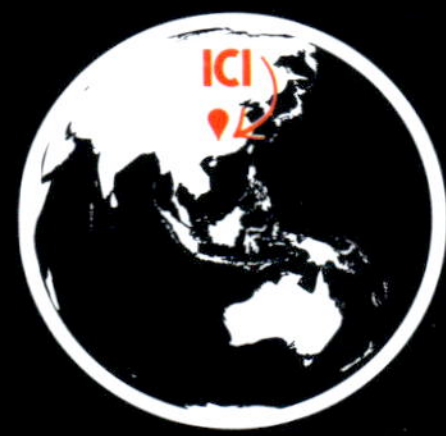

Chine

LE MONT TIANMEN

LA MONTAGNE DE LA PORTE DU CIEL (天门)… QUEL NOM FABULEUX POUR UN LIEU QUI NE L'EST PAS MOINS ! SI LA CHINE A, DE TOUS TEMPS, SU METTRE DE LA POÉSIE DANS SON QUOTIDIEN, IL FAUT AVOUER QUE PARFOIS, LA NATURE A ÉTÉ UNE SACRÉE FORCE D'INSPIRATION. CAR IL FAUT LE RECONNAÎTRE, SI LE MONT TIANMEN EST DEVENU MUSE ET SITE DE PÈLERINAGE POUR DES MILLIONS DE TOURISTES, C'EST POUR DE BONNES RAISONS. ENTRE SA TORTUEUSE ROUTE DU CIEL, SA GIGANTESQUE ARCHE ROCHEUSE BORDÉE DE MOUSSE ET SA NATURE LUXURIANTE, CE LIEU TOUCHE AU DIVIN !

4 H /// **150 KM**

Parc national de la montagne de Tianmen, province du Hunan

LA PROVINCE DU HUNAN

La route de Tianmen ne faisant que 11 kilomètres, pourquoi ne pas en profiter pour visiter la province alentour avant de s'y rendre ? Le Hunan (湖南省), dont le nom signifie « province du sud du lac », est une région méridionale de l'intérieur de la Chine connue et reconnue pour ses paysages spectaculaires, faits de pics secs et déstructurés s'élevant à travers la végétation dense très largement soutenue par le climat subtropical humide. Il paraît même que c'est cette région, et plus particulièrement le parc national de Wulingyuan et les environs de Zhangjiajie, qui aurait inspiré la création de Pandora, la planète des Na'vi dans le film *Avatar* de James Cameron. Pas de mauvaises routes ici, si on se réfère à la beauté des paysages. Pour la qualité de l'enrobé, c'est cependant une autre histoire ! Globalement, celui-ci est en bon état, il faudra toutefois faire attention en fonction des chemins que vous souhaitez emprunter afin d'éviter de mauvaises surprises. Dans tous les cas, la province natale de Mao Zedong étonne autant qu'elle fait rêver. Son aspect féerique se trouve renforcé par la traversée du grand fleuve Yangzi, dont le bleu semble figer le décor qui lui sert d'écrin, à l'instar de la rivière Yuan Jiang, au tout début de votre parcours.

Rivière Yangtze

LE MONT TIANMEN

La route de la Porte du Ciel ne fait que 11 kilomètres, comme on vous l'a déjà dit, mais pour 99 virages ! Autant le dire, ce tracé est tout bonnement incroyable ! Incroyablement beau et incroyablement dangereux. Donc pas de folies ! Car pour naviguer dans les escarpements accidentés de Tianmen, il n'est pas possible de faire autrement que de tracer des épingles serrées, des virages à 180 degrés et un chemin dont la qualification de « sinueux » serait un euphémisme. Attendez-vous à piloter pendant quarante minutes afin d'atteindre le sommet : sensations fortes garanties. Tout cela dans un décor absolument indescriptible, en suivant votre petit bout de route à l'air de Grande Muraille qui ose se perdre entre monts et merveilles, arbres millénaires et sommets en forme de flèches de Houyi, l'archer mythique de l'Antiquité chinoise. En arrivant au bout de ce chemin qui n'est pas de tout repos, vous découvrez le temple bouddhiste niché en son sein, centenaire et paisible.

Non loin se trouvent les escaliers vertigineux qui vous mènent vers le petit miracle qu'est la porte du Ciel, une arche naturelle de plus de 130 mètres de haut, comme un portail divin s'ouvrant vers le ciel ! Vous pourrez y emprunter la passerelle de verre, vous donnant l'impression de flotter dans les brumes environnantes et la lumière du soleil qui baigne ce paysage enchanteur.

Paysage de Zhangjiajie, situé à Wulingyuan

Porte du Ciel, parc national de Tianmen

VOYAGER DANS UN PAYS POLITIQUEMENT INSTABLE

La stabilité n'est pas le propre des humains, loin de là ! Entre guerres, disparité des richesses et des ressources, problèmes d'accès à l'eau, à la nourriture, aux soins... le monde n'est pas un long fleuve tranquille. Aussi, pour qui veut voyager, dépasser ses craintes peut être source de salut afin de vivre de belles aventures et de ne pas rester chez soi de peur qu'il nous arrive quelque chose. Alors que le pire qu'il puisse nous arriver est certainement qu'il ne nous arrive rien ! Toutefois, comme nous sommes courageux, mais pas téméraires, organisons-nous pour pouvoir voyager en sécurité, même en milieu « hostile ».

Certes, il ne sera pas possible d'aller absolument partout, car des pouvoirs plus grands que les nôtres sont parfois à l'œuvre. Mais lorsque c'est possible, il faut d'ores et déjà comprendre la situation politique du pays. Le mieux est pour cela de se renseigner sur son actualité récente. Est-ce que des touristes ont été ciblés pour des demandes de rançon ? Si la sécurité des voyageurs est remise en cause, il faudra envisager une alternative.

Consulter les avis du gouvernement et des ambassades ainsi que les témoignages de représentants étrangers est essentiel. Le site diplomatie.gouv.fr est une mine d'informations pratiques et administratives, et il est très bien mis à jour et présente les différents risques liés aux pays que vous souhaitez visiter. Impossible de s'en passer avant de partir en voyage. Une fois les bonnes informations glanées, il faudra prendre les précautions nécessaires pour votre santé. Vos vaccins sont-ils à jour ? Avez-vous le nécessaire dans votre trousse de secours ? Connaissez-vous la qualité de l'eau dans la zone où vous vous rendez ?

Globalement, connaître les risques et savoir y faire face est votre meilleur atout. Savoir, c'est pouvoir ! Avec la bonne préparation et la bonne attitude, l'instabilité d'un pays ne saurait être une limite pour pouvoir vivre son road trip en sécurité et avec le maximum de plaisir.

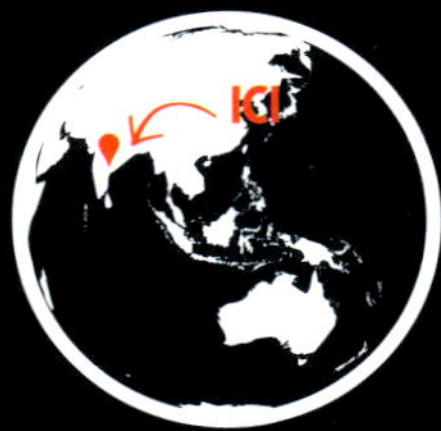

Inde

LA TRANSHIMALAYENNE

AUSSI CONNUE SOUS LE NOM DE « GRANDE TRAVERSÉE DE ZANSKAR », CETTE ROUTE EST LA PLUS ÉLEVÉE DU MONDE ! ÉVIDEMMENT, SEUL L'HIMALAYA PEUT SE TARGUER DE PROPOSER DES TRAJETS À UNE TELLE ALTITUDE, PRESQUE À EN FAIRE PÂLIR LA CORDILLÈRE DES ANDES. BIENVENUE EN INDE ET DANS LE LADAKH, OÙ LA TERRE ET LE CIEL SE RENCONTRENT.

2 SEMAINES MINIMUM | **150 KM**

SUR LES CHAPEAUX DE ROUES

Ouverte seulement quatre mois par an dans sa totalité en raison de vents violents et de glaces éternelles, la Transhimalayenne fait partie de ces trajets mythiques qui ont donné leurs lettres de noblesse à certains aventuriers ainsi qu'à une marque de moto mondialement connue : Royal Enfield ! Et ça n'est d'ailleurs pas pour rien que le modèle idéal de la marque pour ce genre de périple se dénomme « Himalayan » !
Bien loin du « Petit Tibet », New Delhi est souvent le point de départ adéquat pour se rendre dans les régions de l'Himachal Pradesh et du Ladakh. Les innombrables rues de cette ville dantesque et son brouillard éternel s'habillent du bruit des klaxons qui se mêle à la musique coulant des petites habitations et boutiques. De la couleur qui éclate. Des odeurs qui s'insinuent partout, d'essence, de nourriture. Des millions de personnes à la fois amicales et surprenantes. Prenez le temps de visiter et de vivre la capitale indienne et préparez-vous au choc des civilisations concernant tant votre propre culture que celles des peuples que vous allez rencontrer dans l'Himalaya.

Col de Baralacha, Himachal Pradesh

Rue bondée à New Delhi, Inde

Vue de l'Everest, Himalaya népalais

ALPINISME À MOTO

Mais trêve d'urbanisme, il est temps d'en prendre plein les pneus (et les yeux). L'Inde est un pays magnifique et votre traversée des régions d'Haryana et du Pendjab ne vous fera pas dire le contraire. C'est toutefois à l'approche de l'Himachal Pradesh que les choses sérieuses commencent, car ces incommensurables et lointaines montagnes continuent de grandir, de grossir, de s'étendre à l'infini alors que l'on approche de leur pied. Voilà l'Himalaya, plus haut que tous les édifices, plus grand que ce que nos têtes étriquées arrivent à concevoir. Et surtout, SURTOUT, d'une beauté indicible, toute drapée de ses roches, sa poussière et sa neige au goût de nuit des temps.

Ici, dans la vallée de Kangra, vous passerez par Dharamsala, où s'est exilé le quatorzième dalaï-lama depuis 1959. Les routes commencent délicatement à se tortiller pour votre plus grand plaisir, puis à sérieusement grimper jusqu'aux 4 400 mètres d'altitude du col de Sach, où le continent de verdure fait subitement place à l'aride et au lunaire. Puis c'est le bitume qui se dérobe pour la piste mais aussi la balade face à la technique. La crevasse minérale que vous suivez vous mène irrémédiablement vers le col de Baralacha, à près de 5 000 mètres d'altitude, où la vue vers le plateau de Sarchu et les gorges de la Tsarap est aussi enivrante que le manque d'oxygène. Voyez-vous le lac salé de Tso Kar ?

Leh, la capitale du Ladakh, vous ouvre la route vers le col de Khardung-La, plus haut col carrossable au monde, où la roche sèche se dispute la place avec la neige, où l'air glacial est pur et la vue imprenable. Le bouddhisme et l'hindouisme sont ici encore présents et leur trace semble opportune : s'il est un Dieu, c'est résolument un artiste pour créer pareille merveille.

Votre chemin vous mènera encore de pics en monts, de monts en vallées, de vallées en sillons et de sillons en pistes poussiéreuses. Que ce soit le lac Tso Moriri, le célèbre col de Rohtang-La ou la vallée de Kullu, il n'y a pas assez de place en ces lignes pour lister les trésors cachés dans la simplicité d'une nature gargantuesque.

Vallée du Tsarap, au Ladakh

Lac salé de Tso Kar

VOTRE ITINÉRAIRE

OBTENEZ LE TRACÉ GPX

LA QUALITÉ DE L'ESSENCE

Heureusement, les motos ne roulent pas (ou très peu) au diesel, car c'est surtout ce type de carburant qui pose problème à l'étranger, sa production et son utilisation étant très européennes (il est parfois pratiquement impossible à trouver en dehors du marché noir !). Reste que la qualité de l'essence peut être une question importante lorsqu'on voyage à l'étranger et, a fortiori, loin du reste du monde. Car un carburant de mauvaise qualité peut provoquer des avaries, comme des filtres bouchés de manière prématurée et l'encrassement ou le dommage des injecteurs/carburateurs.

Cependant, la qualité de l'essence au niveau mondial s'est globalement améliorée dans tous les pays, malgré les disparités de normes qui peuvent exister. L'Afrique reste malheureusement à part, du fait de la malhonnêteté de négociants pétroliers et de la contrebande.

Que faire si vous tombez sur du carburant frelaté ou coupé à l'eau ? Il existe différents outils qui permettent de vérifier la présence d'eau. Le Fuel Tester, une sorte d'éprouvette graduée, joue sur la non-miscibilité de l'alcool et de l'eau afin de pouvoir afficher clairement la qualité de votre combustible. Des testeurs chimiques permettent également de voir si le carburant est pollué, grâce à des bâtonnets ouatés à tremper, qui réagiront en quelques minutes au contact d'un surplus d'eau. Une pâte détectrice d'eau peut également être utilisée. Afin d'éviter ce genre de problème, des additifs chimiques permettent de disperser l'eau et de dissoudre les particules qui pourraient boucher les injecteurs. Des filtres absorbants à base de silice et des séparateurs d'eau peuvent aussi être installés directement sur votre moto.

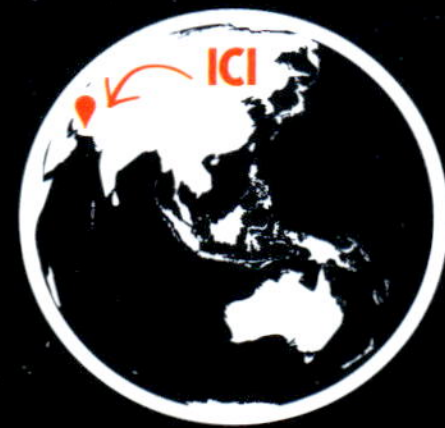

Pakistan et Chine

LA ROUTE DU KARAKORUM

KARAKORAM, KARAKORUM OU « PIERRES IMMENSES », UN NOM FABULEUX POUR PARLER DE CES MONTAGNES TRAVERSÉES PAR LA « ROUTE DE L'AMITIÉ », COMME L'APPELLENT LES CHINOIS. 1 300 KILOMÈTRES QUI RELIENT KASHGAR, EN CHINE, À HAVELIAN, AU PAKISTAN. UN TRACÉ FAIT POUR LES FUNAMBULES, SUR UN FIL QUI RELIE CERTAINS DES SOMMETS LES PLUS ÉLEVÉS DE LA PLANÈTE, DONT LE NANGA PARBAT, L'UN DES 14 « HUIT MILLE » RÉPERTORIÉS. UN TRACÉ DANGEREUX ET EXCITANT, À LA HAUTEUR DES AVENTURIERS QUI LA PARCOURENT.

1 SEMAINE | **1 150 KM**

Le Rakaposhi, depuis la vallée de Nagar

MY NAME IS DANGER

« Loué soit le dieu des motos, car il vous donnera agilité et félicité dans la tourmente. » C'est ainsi que s'exprima saint Royal Enfield alors qu'il traversait la chaîne himalayenne à la recherche du Nirvana. En tout cas, l'agilité et le faible encombrement d'une moto sont idéaux pour attaquer un trajet aussi abîmé et tortueux que la route du Karakorum. Vous le constaterez vite, ce n'est pas une piste de bowling et, assis sur votre monture, vous éviterez le mal des transports qui touche la majorité des automobilistes sur ce même chemin. Depuis la fin de sa construction en 1978, après une vingtaine d'années de dur labeur et près d'un millier d'ouvriers décédés, la route n'a pas été parfaitement entretenue partout (ce qui semble pratiquement impossible au vu des conditions d'accès !), malgré la volonté de la Chine de désenclaver cette partie du pays et d'y créer une autoroute. Soyez donc bien conscient que la route est parfois faite de bric et de broc, que les éboulements et glissements de terrain y sont extrêmement courants et qu'ils la rendent réellement dangereuse. La prudence est donc de rigueur !

UN PETIT PAS POUR L'HOMME

Toutefois, si des camions surchargés arrivent à faire cette traversée, vous le pouvez aussi ! Alors, courage : prenez votre monture et passez la première en direction des cieux ! La première partie du trajet ne pose aucune difficulté, mais c'est en commençant à suivre les chemins ascensionnels que les choses se gâtent. Enfin, si la piste est effectivement difficile et technique, la contrepartie est évidente : le lieu est absolument majestueux. Nous parlons là des plus hautes montagnes du monde !
Ne faites pas attention aux épaves qui jalonnent le chemin et soyez plutôt attentif aux changements qui s'opèrent dans le paysage. Au fil des kilomètres, la montagne s'affirme et cette région du Gilgit-Baltistan, très verte, et que se disputent l'Inde et le Pakistan, devient de plus en plus aride avec l'altitude. L'aspect lunaire est renforcé par les sommets aux neiges éternelles dont le Nanga Parbat est un fier étendard, avec ses 8 125 mètres qui en font le neuvième sommet le plus élevé. De gargantuesques glaciers viennent parfois lécher le bord de la route. C'est le cas du glacier du Batura, que vous

Glacier de Batura

croiserez peu de temps après le sublime mont Rakaposhi, dont le poétique nom signifie « mur brillant » et qui est parfois aussi appelé Dumani, « mère des brouillards ».

VERS LA PROVINCE DE XINJIANG

À la frontière chinoise, bordée du sommet du Khunjerab Sar et pourvue du distributeur de billets le plus haut du monde, il faudra montrer patte blanche. Entrer en Chine est très compliqué, car il vous faut un guide, une autorisation d'une compagnie de voyages chinoise (qui vous fournit le guide) et le visa adéquat. Une fois ces formalités accomplies, vous entamerez votre descente vers des terrains toujours montagneux et accidentés. Vous vous rendrez toutefois compte que le décor se pare de plus en plus d'un rouge puissant, preuve de la richesse en fer du sol, une nouvelle facette du Karakorum. En plus des magnifiques panoramas sur les points d'eau et les montagnes, vous aurez alors l'occasion et le plaisir de découvrir le Lac Karakul, dans lequel se reflètent le Muztagata, le « Père des montagnes de glace », ainsi que le roi Kongur Tagh, point culminant de la cordillère de Kunlun. Ces monuments géologiques vous observent avec bienveillance depuis leur éternelle immobilité et nul doute qu'ils vous porteront chance pour la fin de votre voyage vers Kashgar.

Reflet du Nanga Parbat, vu depuis la "Prairie des Fées", Pakistan

Route du Karakorum, nord du Pakistan

Lac Karakul dans le massif du Pamir chinois

LE CHOIX DE LA NOURRITURE

Saviez-vous que les habitudes alimentaires sont les dernières à disparaître ? Pourtant, il y a quelques intérêts très concrets à privilégier une nourriture locale en voyage. Passons-les en revue !

On l'a déjà dit, mais effectivement, découvrir un plat nouveau et délicieux est un plaisir fondamental de toute expérience de vie (rien de moins !). Les saveurs du monde sont si différentes que vous aurez toujours plaisir à partir pour des aventures gustatives avec de nouvelles épices et des mets inconnus. Qui plus est, la majorité des plats des cultures qui nous sont inconnues respectent les grands principes de l'équilibre alimentaire. Se faire plaisir en prenant soin de son alimentation et donc de soi ? On dit oui !

Emporter sa nourriture implique une surcharge en termes de poids et de volume, deux grosses contraintes pour les voyageurs à moto. Aussi, se ravitailler au fil de son itinéraire présente des avantages évidents. Il faudra toutefois faire attention, car nos pauvres estomacs ne sont pas forcément habitués à la nourriture locale, aux plats très épicés, etc. Donc allez-y doucement et faites également attention aux contaminations, notamment au niveau de l'eau. Ne prenez que de l'eau en bouteille et lavez vos fruits et légumes avec cette même eau, malgré l'encombrement que cela représente.

OBTENEZ LE TRACÉ GPX

Russie

LA ROUTE DES OS

ENCORE UN ITINÉRAIRE JOYEUX ! LA ROUTE R-504 OU KOLYMA (КОЛЫМА), DU NOM DU FLEUVE QU'ELLE SUIT, EST BIEN MIEUX CONNUE SOUS L'APPELLATION DE « ROUTE DES OS ». CE SURNOM TERRIFIANT LUI A ÉTÉ ATTRIBUÉ CAR C'EST LE CHEMIN QU'ONT PRIS ET CONSTRUIT LES PRISONNIERS VERS LES GOULAGS ET LES CAMPS DE TRAVAIL DES MINES D'OR DE CETTE RÉGION ISOLÉE : LES OS DE PLUS DE 250 000 DE CES ESCLAVES JALONNENT CE TRAJET INHOSPITALIER DANS L'UNE DES ZONES LES PLUS FROIDES DU MONDE. MALGRÉ DE LOURDS TRAVAUX PERMANENTS ET UNE RÉHABILITATION EN 2019, LA ROUTE DES OS RESTE EXTRÊMEMENT DIFFICILE ET RÉSERVÉE AUX AVENTURIERS LES PLUS AVERTIS ET TÉMÉRAIRES.

2 SEMAINES //// **2 000 KM**

ATTENTION, AVANT DE PARTIR, RENSEIGNEZ-VOUS ! CERTAINES DESTINATIONS PEUVENT ÊTRE DÉCONSEILLÉES POUR VOTRE SÉCURITÉ.

Une route à l'histoire tragique

LA RÉGION LA PLUS FROIDE DU MONDE

Certes, la destination n'est pas très populaire car la route, s'il est possible de l'appeler ainsi, n'est praticable qu'en été, lorsqu'elle est couverte de terre et de gravier, ou en hiver, lorsqu'elle est envahie par la glace. Le reste du temps, il s'agit de boue absolument inabordable. On vous conseille cependant d'oublier l'itinéraire en hiver, car il vous faudrait de bons pneus à crampons et lutter contre les vents glaciaux de cette région. Pendant cette période et en cas d'obligation d'utiliser leur voiture, les locaux ne coupent jamais le contact, sous peine de ne pas pouvoir redémarrer et de mourir de froid. N'oubliez pas que Iakoutsk (Якутск) est la ville la plus froide au monde !

FUYEZ, PAUVRE FOU !

Si vous êtes fou ou suicidaire, voire les deux, vous pouvez envisager de prendre une des rares parties qui n'ont pas du tout été retapées et qui font relativiser l'état de délabrement de la route principale. Ce tronçon d'origine, qui passe par

Oïmiakon (Оймякон), évite Oust-Nera (Усть-Нера) et vous fera passer dans de la boue, des rivières, par des ponts détruits... À ne surtout pas prendre seul ! Des histoires de motards ayant failli y mourir circulent sur le Net. Nul doute que vous n'avez pas envie d'attendre trois jours que les secours arrivent en luttant avec des ours à l'aide d'un couteau pour survivre... (histoire vraie !)

LA DURE BEAUTÉ DE LA NATURE

Reste qu'au-delà du défi insensé qu'elle représente, cette route reste empreinte d'une certaine poésie. La toundra dégage une beauté dure lorsqu'on la parcourt. Et le permafrost, dans sa nudité pudique, se voile à peine de forêts éparses. On n'y croise que quelques camions et aventuriers animés de la même passion que nous, qui s'arrêteront irrémédiablement pour prendre des informations et s'assurer que tout va bien pour vous. Les montagnes, témoins fidèles de vos prouesses, seront les sœurs qui veillent sur vous tout au long de ce trajet sans nul autre pareil. Les vaniteuses constructions humaines

Route de Kolyma

qui peinent à tenir front face aux éléments nous rappellent à quel point nous sommes petits dans ce monde. De quoi rabattre notre prétendue supériorité !

Pour ceux qui trouvent cette route insuffisante, qui aspirent à l'Aventure avec un grand A, il y a aussi la BAM, ou Baikala Amurskaya Magistral (Байкало-Амурская магистраль). Ce trajet ultime, la Rolls-Royce du road trip dangereux à moto, suit la ligne de chemin de fer qui traverse le Grand Nord russe. Aucun motard n'a jamais réussi à la parcourir dans son intégralité...

Une route peu empruntée

Route fédérale M56 Yakutsk-Magadan

Une route aussi isolée qu'inhospitalière

LES CONDITIONS EXTRÊMES

Durant l'anthropocène, le monde a été adapté aux besoins humains. Mais il reste quelques espaces de liberté où la main de l'homme n'a pas encore d'emprise. S'aventurer dans ces lieux sauvages en toute sécurité, même si cela représente une expérience incroyable, nécessite une préparation spécifique, et c'est le cas de la route des Os.

Il faudra absolument préparer votre itinéraire de manière minutieuse afin de connaître tous les points de ravitaillement et les infrastructures disponibles pour répondre à vos besoins en eau, nourriture et carburant, sous peine de vous retrouver en danger. Mieux vaut trop que pas assez ! Prenez un maximum de nourriture non périssable, d'eau (avec des filtres ou des pastilles de purification) et des jerrycans d'essence sécurisés.

En plus des vêtements et équipements de protection adéquats pour affronter les intempéries et supporter le climat local, il vous faudra avoir la préparation physique et mentale nécessaire afin de faire face à tout imprévu. Vous devrez être capable de relever seul votre moto et de gérer des blessures en cas de chute grave. En plus d'un kit de survie qui contiendra une lampe de poche, des allumettes imperméables, une couverture de survie, des signaux de détresse et un couteau multifonction, n'oubliez surtout pas le GPS, la carte papier et la boussole, mais également le nécessaire pour une communication d'urgence. La connexion téléphonique étant faible voire nulle dans ces contrées, un téléphone satellite (malheureusement illégal en Russie) ou une balise de détresse sera obligatoire. Cela vous permettra par exemple de maintenir vos proches informés de votre itinéraire et de faire des points de contrôle.

Enfin, évitez de partir seul, mais surtout, faites confiance à la solidarité et aux gens que vous allez rencontrer : l'humain a prospéré grâce à sa capacité à être en empathie avec son prochain !

VOTRE ITINÉRAIRE

OBTENEZ LE TRACÉ GPX

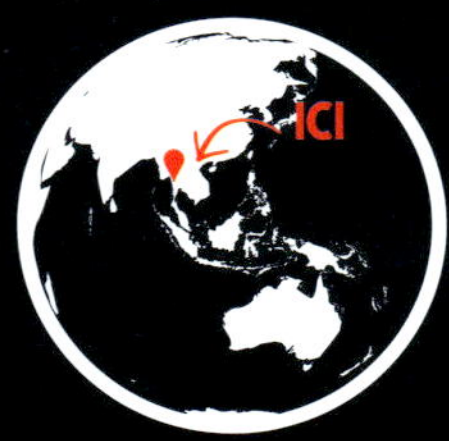

Thaïlande

LA BOUCLE DE MAE HONG SON

LE ROYAUME DE THAÏLANDE EST UN INCONTOURNABLE DE L'ASIE DU SUD-EST. SON ROI, EN PLUS D'ÊTRE CHEF DES ARMÉES, SE DOIT D'ÊTRE BOUDDHISTE ET DE DÉFENDRE SA PRATIQUE DANS UN ÉTAT OÙ CETTE RELIGION EST PRATIQUÉE PAR PLUS DE 90 % DE LA POPULATION. UNE VOLONTÉ D'AILLEURS TRÈS VISIBLE DANS LE NORD DU PAYS OÙ SE TROUVE CETTE BOUCLE, AVEC DE TRÈS NOMBREUX ET MAGNIFIQUES TEMPLES AINSI QUE D'INNOMBRABLES MUSÉES ET MONUMENTS QUI RETRACENT LA TRÈS RICHE HISTOIRE ET LA CULTURE THAÏLANDAISES.
CETTE ABONDANCE CULTURELLE PEUT AUSSI S'ENORGUEILLIR D'UN CADRE IDYLLIQUE, ENTRE LES FORÊTS LUXURIANTES ET LES MONTAGNES ESCARPÉES DE LA PARTIE LA PLUS SEPTENTRIONALE.
BIENVENUE AU « PAYS DU SOURIRE » !

5 JOURS /// **500 KM**

LA ROSE DU NORD

Départ de Chiang Maï, ville nouvelle pour les uns, rose du Nord pour les autres. Proche de la route de la soie et donc connectée au monde depuis fort longtemps, cette belle ville moderne est un endroit idéal pour commencer un voyage au pays du million d'éléphants. Dans celle que l'on surnomme aussi « la ville aux 300 temples », impossible de passer à côté de ces monuments religieux, notamment celui du Doi Suthep, tout proche de la ville mais en pleine forêt. Si c'est également l'occasion d'aller découvrir les légendaires massages thaïs ou un impressionnant match de boxe, on vous conseille surtout de fréquenter les marchés, où vous trouverez forcément votre bonheur en termes de saveurs fabuleuses ! Les Thaïs sont accueillants et communicatifs, c'est un plaisir partagé que d'échanger avec eux.

LE CHANT DES MONTAGNES

En vous engageant sur la route 1095, le trajet commence à devenir plus sinueux et moins encombré, et vous vous rapprochez des montagnes abruptes dans un décor de rizières et de plantations de fraises. Petit détour en haute altitude

Route 1095 de Chiang Mai vers Mae Hong Son

Pagodes dans la montagne Doi Inthanon, Chiang Maï

LES RISQUES SANITAIRES

Voyager loin, c'est découvrir une nouvelle culture, d'autres traditions, des mets exotiques, mais aussi, parfois, des maladies infectieuses ! En effet, si l'appel du voyage est un bonheur sans fin, c'est aussi s'exposer à d'autres risques qu'il convient d'endiguer immédiatement, notamment en zone subtropicale. Entre la dengue, le paludisme, l'encéphalite japonaise et le chikungunya, transmis par les moustiques, ou la fièvre typhoïde et les hépatites A et E, transmises par l'eau, il y a de quoi passer un mauvais moment.

Vous l'aurez compris, hors de question de partir sans un bon répulsif à moustiques à base de DEET et de boire autre chose que de l'eau en bouteille. Penser à prendre une moustiquaire sera salvateur en vous apportant à la fois confort et protection, de même que des vêtements longs, légers et clairs. Cela signifie également qu'il vous faudra vérifier que vos vaccinations de routine (tétanos, diphtérie, coqueluche, etc.) sont à jour, mais aussi qu'il faudra faire les vaccins obligatoires et recommandés. Une consultation médicale avant le voyage sera nécessaire pour obtenir les bons conseils et pourquoi pas un traitement préventif adapté aux pays visités. Par exemple, la fièvre jaune est endémique dans certaines régions d'Afrique et d'Amérique du Sud et un certificat de vaccination peut vous être demandé à l'entrée de certains pays. De même, si vous devez traverser des zones reculées ou rurales, il peut être judicieux d'emporter une trousse médicale contenant des antibiotiques à large spectre, des antipaludéens et d'autres essentiels. Quant à l'eau, nous en reparlerons dans un conseil dédié !

Cascade de Mae Surin, parc national de Namtok

dans le parc national de Huai Nam Dang pour ceux qui veulent profiter des sources chaudes avant d'arriver à Paï, bourgade verte, perdue dans les montagnes. Un excellent point pour flâner, aller voir les cascades, le canyon et se sentir vivant ! À Soppong, ce sont les grottes de Tham Lot qui retiennent l'attention.

Du côté de Mae Hong Son, après une ascension qui met à mal les moteurs des petits scooters locaux, allez donc vous perdre un petit peu vers la frontière avec le Myanmar, qui recèle quelques trésors naturels : cascades, parcs, lacs, mais surtout le très touristique et magnifique village de Ban Rak Thaï, dont le lac et les plantations de thé enrichissent la beauté toute simple de ce lieu enchanteur. À Mae Hong Son, profitez de cette ville riche en activités et qui mérite qu'on y prenne un peu son temps.

Puis retour dans les montagnes pour aller voir le parc national de Namtok Mae Surin et ses merveilles, dans un paysage qui ne cesse de s'élever et offre des panoramas spectaculaires. Le trajet coupe à travers des champs de tournesols, des jungles de palmiers et des forêts tropicales. Peut-être même aurez-vous l'occasion de découvrir la faune exceptionnelle qui peuple cette flore qui ne l'est pas moins... L'état de la route n'est pas parfait, mais il est amplement suffisant pour se faire plaisir et savourer le spectacle de la nature sans avoir à se concentrer à 200 % sur son pilotage. Voilà qui est satisfaisant : cruiser au guidon de son bolide ou même d'une petite cylindrée qui nous tracte comme elle peut, tout en admirant ce pays si beau et aux couleurs si vives !

Village de Ban Rak Thai

Rizières à Pai, Thaïlande

VOTRE ITINÉRAIRE

OBTENEZ LE TRACÉ GPX

Viêt Nam

HÔ CHI MINH TRAIL

À L'ORIGINE, LA PISTE HÔ CHI MINH EST UN ENSEMBLE DE ROUTES ET DE SENTIERS QUI ONT ÉTÉ UTILISÉS PAR L'ARMÉE POPULAIRE VIETNAMIENNE ET LES VIÊT-CONG PENDANT LES GUERRES D'INDOCHINE ET DU VIÊT NAM. CES ROUTES SERVAIENT DE RÉSEAU DE VOIES DE TRANSPORT ET DE RAVITAILLEMENT ENTRE LE NORD ET LE SUD, ET ELLES ONT ÉVIDEMMENT JOUÉ UN RÔLE EXTRÊMEMENT IMPORTANT DANS LE DÉROULEMENT DES COMBATS. AUJOURD'HUI, LA PAIX S'EST INSTALLÉE ET LES TRACES DE LA GUERRE SE SONT EFFACÉES, LAISSANT PLACE À UN PAYS MAGNIFIQUE À LA CULTURE PLURIMILLÉNAIRE. ET CETTE PISTE EST DEVENUE IDÉALE POUR LES AMOUREUX D'ENDURO OU DE BALADES DANS LES MONTAGNES ET UNE JUNGLE REDEVENUE BIEN PLUS ACCUEILLANTE.

8 JOURS /// 1 300 KM

La ville ancienne de Hoi An, classée au patrimoine mondial de l'UNESCO

NEVER HANOÏ'ING

Interdiction cependant de rouler avec autre chose qu'un trail, un enduro ou un engin fait pour le off-road. Nul besoin de discuter, tout ce que vous y gagneriez, c'est d'abîmer votre moto, donc on chausse ses pneus à crampons et on s'accroche au guidon ! Car clairement, la majorité du chemin se compose de pistes caillouteuses, poussiéreuses, étriquées et où le terme de « ligne droite » semble inconnu. C'est d'ailleurs une grande partie du charme de ce road trip : vous emmener en pleine nature, debout sur vos pieds, eux-mêmes bien plantés sur les repose-pieds métalliques de votre moto.
Départ de la capitale, Hanoï, au plus proche du delta du fleuve Rouge afin de transiter tranquillement vers la piste de vos rêves. Le la sera donné en sortant de la tentaculaire et néanmoins agréable ville et de sa campagne périphérique : au programme, montagnes et jungle !

LE VIÊT NAM SAUVAGE

Mais pas n'importe quelles montagnes et jungles. Car si le paysage ne changera que très peu durant tout votre trajet, sa beauté est toujours renouvelée. Des montagnes à la fois abruptes et arrondies, tels les dos de quelques animaux fantastiques, endormis depuis des siècles et cachés sous une

Rizières en terrasses de Mu Cang Chai, Vietnam

Ban Gioc, une des plus belles cascades du monde

mousse qui leur sert de couverture. Une végétation dense qui a été nourrie par le soleil flamboyant mais aussi par la torpeur de chaudes pluies diluviennes. La jungle, omniprésente, est compacte, les arbres s'étreignant comme par peur d'être séparés. Respirante ! La flore s'épanouit au fil des moussons, et la faune s'y ébat avec délice : singes joueurs, pangolins indolents, éléphants domptés...

Au-delà des averses liées au climat tropical et qui vous feront préférer partir entre février et avril, durant la saison sèche, l'eau sera votre complice sur cet itinéraire. Tout d'abord, sous forme de rivières infinies dont vous suivrez le trajet sur une énorme portion de l'itinéraire et dont le cours serpente paisiblement entre les monts. La rivière Ma, à ce titre, est exemplaire : couvrant une immense partie du territoire, elle façonne les paysages, irrigue les rizières, inspire les poètes et ouvre votre chemin. Puis également sous forme de lacs dont le bleu étincelant vient à nous surprendre, apparaissant soudainement entre la végétation abondante et qu'on croyait jusque-là impénétrable. Peu après Phù Yên, c'est le lac-réservoir de la rivière Noire, Hồ Hòa Bình, bande de soie scintillante qui saura attirer votre attention.

Et à la fin de ce trajet, en arrivant sur le littoral, vous retrouverez votre complice sous une dernière forme : la mer. À Đà Nẵng et Hội An, juste à la jonction entre le golfe du Tonkin et la mer de Chine méridionale, vous lui faites face, elle s'étend sur ce qui semble être le bout du monde.

Phare de Dai Lanh, province de Phu Yen

Pont du dragon à Da Nang, Vietnam

OBTENEZ LE TRACÉ GPX

L'ÉLECTRICITÉ

Dans un monde où nous sommes dépendants des énergies, il vous faudra faire attention à votre jauge d'essence et... à l'électricité ! En voyage, on se sert de son smartphone pour s'orienter, pour communiquer, se renseigner, payer... Aussi, pour éviter de tomber à 2 %, quelques précautions sont à prendre.

Tout d'abord, vous pouvez mettre votre matériel informatique (téléphone compris) en mode économie d'énergie et l'utiliser uniquement lorsque c'est absolument nécessaire. Cela signifie qu'il faut baisser la luminosité, couper les données mobiles et la localisation lorsque vous ne les utilisez pas, ou encore se connecter au Wi-Fi dès que c'est possible.

Ne surtout pas hésiter à recharger dès que l'occasion se présente. Les campings, restaurants et certains espaces publics sont adaptés pour cela, donc autant en profiter. Pour ce faire, pensez à emporter l'adaptateur électrique adéquat, car tous les pays n'utilisent pas le même type de prise ni le même voltage.

Les powerbanks, sortes de petites batteries portatives, sont très utiles afin de rallonger la durée de fonctionnement de vos appareils. Ceux qui sont couplés à une petite cellule photovoltaïque permettent d'ailleurs de limiter le besoin de les recharger. Une prise 12 volts branchée sur la batterie de la moto vous permettra de recharger tout en roulant. Si le branchement est direct, vous pourriez même recharger à l'arrêt... avec le risque de vider votre batterie et de devoir démarrer à la poussette !

Le continent africain

DU CAIRE À CAPE TOWN

L'AFRIQUE, CE CONTINENT GIGANTESQUE ET POURTANT MÉCONNU, EST LE BERCEAU DE L'HUMANITÉ ET DE TOUTES NOS CIVILISATIONS. S'IL EST VU COMME UN BLOC MONOLITHIQUE, IL Y EXISTE POURTANT UNE IMMENSE VARIÉTÉ DE PEUPLES, DE CULTURES, DE CLIMATS, D'ANIMAUX, D'HISTOIRES… AVEC CE VOYAGE AUSSI FARAMINEUX QU'IMPRÉVISIBLE À TRAVERS UNE PARTIE DES PAYS AFRICAINS, DONT CERTAINS COMPTENT PARMI LES PLUS INSTABLES, RETOURNEZ AUX RACINES DE L'ÊTRE HUMAIN. PARTEZ À LA DÉCOUVERTE DE POINTS DE VUE À COUPER LE SOUFFLE, DE DIFFÉRENTES CULTURES LOCALES ET D'UN CONTINENT QUI RELIE LE PASSÉ AU FUTUR. VOUS EN REVIENDREZ ASSURÉMENT CHANGÉ.

8 MOIS /// **12 000 KM**

ATTENTION, AVANT DE PARTIR, RENSEIGNEZ-VOUS ! CERTAINES DESTINATIONS PEUVENT ÊTRE DÉCONSEILLÉES POUR VOTRE SÉCURITÉ.

LA PRÉPARATION

Traverser tout un continent, qui plus est quand celui-ci est le plus difficile pour les humains et la mécanique, demande un minimum (beaucoup ?) de préparation. La première chose à considérer est d'avoir le véhicule le plus fiable possible et le plus simple à réparer. Évidemment, il vous faut une moto apte à faire du bitume et du hors-piste. Sachez juste que cette route, nommée « TAH1 » et faisant partie du Trans-African Highway Network, n'a pas été traitée de la même manière par tous les pays. Si certaines zones sont bien desservies, d'autres ne sont que des sentiers larges et poussiéreux (avec tout le charme que cela comporte !). Pensez bien à prendre vos visas en avance afin de pouvoir entrer dans chacun des pays sur votre trajet.
Le réel souci se présentera aux portes du Soudan et de l'Éthiopie. Au moment où nous écrivons ces lignes, les frontières du Soudan sont fermées suite au conflit armé qui continue de sévir, et le territoire est interdit. À la suite de cette guerre civile, la criminalité a d'ailleurs augmenté et le pays n'est pas du tout sûr. Il n'existe pas réellement de solutions alternatives, malheureusement : les États limitrophes sont aussi en guerre, les bateaux en mer Rouge sont attaqués par des rebelles houtis et des pirates somaliens… Pareil pour l'Éthiopie, en proie à un terrorisme qui vise les touristes, ce qui pose d'autres problèmes. Bref, le mieux est certainement de prendre son mal en patience avant d'entreprendre cette traversée, ou de commencer par les pays les plus stables.

UN VOYAGE DE RÊVE

Mais oublions tout cela un instant et offrons-nous un peu de rêve ! Ce périple comporte certains des plus beaux lieux du monde, et il serait dommage de passer à côté. Départ du Caire, au cœur du delta du Nil, cette oasis au

Pyramides de Meroe, désert du Sahara

Sphinx et pyramides à Gizeh

cœur du désert qui suit la source de vie qu'est le plus long fleuve du monde. La capitale égyptienne, surnommée la « Mère du monde », avec ses illustres pyramides de Gizeh et sa vie grouillante, est la porte ouverte vers votre voyage. Le Nil vous emmènera vers un ensemble de nécropoles sublimes qui défient le temps et l'aridité du désert. À Thèbes (aujourd'hui Louxor), vous admirerez la Vallée des Rois, et sur le plateau de Gebel Barkal, au Soudan, la fantastique El-Kurru. Le Soudan n'est d'ailleurs pas dénué de pyramides, comme vous le découvrirez à Meroe, et ce n'est que l'un des nombreux points communs de l'histoire de ce pays aride avec sa grande sœur l'Égypte.

DU DÉSERT À LA SAVANE

C'est en Éthiopie que le paysage ainsi que le climat changent. Si la dureté sèche du décor reste présente, une timide végétation commence à émerger. Les monuments historiques sont toujours légion, notamment dans la région de Gondar, où les vestiges d'églises et de palais impériaux datant de la colonisation sont très différents de leurs homologues septentrionaux. Le lac Tana marque une modification de la topologie du pays, où les reliefs commencent à se faire sentir. Mais avant, il faut absolument s'autoriser un grand détour par le parc national du Simien, le royaume des singes.

Monts Simien, Éthiopie

Le lac Tana est alimenté par le Nil Bleu, dont les gorges magnifiques vous attendent, avec leurs plateaux déversant des millions de litres d'eau ! Vous le verrez, une bonne partie de l'Éthiopie est en altitude, à l'instar d'Addis-Abeba, parfois considérée comme la capitale de l'Afrique.

Une fois redescendu des hauteurs éthiopiennes, vous vous retrouverez dans la vallée du Grand Rift, dont la typologie est encore différente. Vous arriverez dans les pays des grands lacs et des réserves. C'est d'ailleurs ce qui caractérise le mieux le Kenya et la Tanzanie, malgré leurs différences. Ils sont tous deux majoritairement composés de réserves nationales : Shaba, Samburu et Amboseli au Kenya, Arusha, parc du lac Manyara, Ruaha et Selous, en Tanzanie, ponctueront votre parcours et seront l'occasion de voir zèbres, éléphants, hippopotames, antilopes, et autres animaux parmi les plus emblématiques du continent. Vous verrez aussi le mont Kenya et le Kilimandjaro, les deux plus hauts sommets d'Afrique !

Le lac Tana, un des lacs de la vallée du grand rift africain en Éthiopie.

Girafes devant le Kilimandjaro, Kenya

UN CONTINENT PAS SI SEC

Évidemment, les lacs sont de la partie : le lac Natron au Kenya, le Manyara en Tanzanie et le lac Malawi, qui signe votre arrivée dans le pays auquel il a donné son nom. Ce pays méconnu regorge de baies, comme celle de Nkhata, mais aussi de chutes d'eau, notamment à Manchewe, proche de Livingstonia, qui offre une vue magnifique sur le lac. Sans oublier les plateaux du Shire, avec ses plantations de thé et de café, ainsi que la ville de Blantyre, appréciée pour ses lieux culturels, ses monuments, ses restaurants et ses bars. Vous n'êtes alors plus très loin du Mozambique où, après avoir traversé le parc national de Gorongosa jusqu'à Vilankulo, vous pourrez admirer l'archipel de Bazaruto. À partir de ce point, vous allez globalement suivre le littoral du canal du Mozambique jusqu'à Tofo, la ville préférée des surfeurs, et l'océan Indien. Longer la côte sera l'occasion d'un petit passage par Maputo, la capitale, avant d'atteindre l'Afrique du Sud.
Changement de pays et changement de climat : le climat tropical de savane laisse place à une météo océanique proche de ce que nous connaissons en Europe.

Archipel de Bazaruto à Vilankulo, Mozambique

Wild Coast, Afrique du Sud

La zone humide autour de Santa Lucia est réputée pour ses plages peuplées de tortues et de récifs de corail, véritable réservoir de biodiversité. Juste à côté se trouve d'ailleurs la réserve de Hluhluwe-Umfolozi, la plus vieille d'Afrique, animée par la même volonté de préservation de la faune et de la flore !

Au sud de Durban, la Wild Coast (côte sauvage) comporte pas moins de deux heures de routes panoramiques inoubliables sur le front de mer, ce qui vous mène doucement mais sûrement vers le cap de Bonne-Espérance. Vous n'êtes plus très loin de la fin de votre quête : arrivé à Table Mountain, un très surprenant plateau rocheux, vous aurez une vue plongeante sur Cape Town.

VOTRE ITINÉRAIRE

OBTENEZ LE TRACÉ GPX

LES MOTARDS DANS LE MONDE

Sans surprise, la solidarité motarde n'est pas un mythe. Mieux, cette solidarité s'étend par-delà les continents, ignorant la barrière de la langue et les différences de culture ! Mais est-ce si surprenant que les motards suscitent empathie et sympathie quand on pense aux risques qu'ils encourent, exposés aux éléments, aux dangers accrus ? Qui plus est, ce moyen de transport qu'est le deux-roues, globalement bon marché, se rencontre partout sur la planète et fait rêver nombre d'enfants !

Avant de partir, vous constaterez cette solidarité sur les réseaux et forums où la communauté motarde est très présente et désireuse de partager de bons conseils. Et au cours du voyage, n'hésitez pas à aller à la rencontre des autres motards, même si vous n'avez aucun problème. Ils seront à même de répondre à vos questions, de vous donner les informations que seuls les locaux possèdent et auront à cœur de vous aider en cas de pépin. Ils pourront par exemple vous indiquer les lieux ouvertement accueillants, souvent signalés comme « relais motards ». Lorsqu'un motard est en difficulté, on ne le laisse pas sur le bord de la route, que ce soit chez lui ou à l'étranger !

De nombreux motards font partie de réseaux d'entraide tels que Bunk-a-Biker, Motorcycle Travel Network et Biker-Post afin de proposer des solutions d'hébergement gratuites ou peu onéreuses. Bref, que vous ayez un pépin mécanique ou humain, ou bien juste envie de rencontrer des gens aussi passionnés que vous, vous pourrez toujours compter sur un motard pour rendre votre voyage plus sûr et enrichissant !

Cap de Bonne-Espérance

Afrique du Sud

LA ROUTE DES JARDINS

NI UN JARDIN NI VRAIMENT UNE ROUTE, LA ROUTE DES JARDINS DOIT SON NOM AU PARC NATIONAL QU'ELLE TRAVERSE, PROCHE DE L'EXTRÉMITÉ ORIENTALE DE CET ITINÉRAIRE, AINSI QUE DE LA DIVERSITÉ QU'ELLE COMPORTE EN TERMES DE VIE SAUVAGE, DE FLORE ET DE PAYSAGES. CETTE ROUTE SITUÉE SUR LA CÔTE SUD-EST COMMENCE ET SE TERMINE À DES ENDROITS DIFFÉRENTS SELON LES POINTS DE VUE. ON PEUT ESTIMER QU'IL S'AGIT D'UNE BANDE DE 300 KILOMÈTRES ENTRE MOSSEL BAY ET JEFFREYS BAY, MAIS SI L'ON SE CANTONNE À CE TRAJET, ON PASSE HÉLAS À CÔTÉ DE POINTS INTÉRESSANTS À VISITER AUX ALENTOURS. AINSI, LA DÉCISION EST PRISE DE PARTIR DE CAPE TOWN – LE CAP EN FRANÇAIS – PUIS DE PROFITER DE ROUTES ET DE PISTES ENTRE LA « NATION ARC-EN-CIEL » ET L'OCÉAN INDIEN POUR ALLER JUSQU'À JEFFREYS BAY, VOIRE PORT ELIZABETH !

5 JOURS /// **980 KM**

Vignobles d'Afrique du Sud

L'AFRIQUE DU SUD

« L'Afrique du Sud, le monde en un seul pays. » Tel est le slogan avec lequel l'office de tourisme a décidé d'attirer les chalands alors que sa nation s'ouvrait doucement vers l'extérieur, et c'est bien compréhensible ! Dans ce pays qui fait 2,2 fois la superficie de la France, la diversité est également soutenue par la variété des climats, allant de l'aride au tropical humide en passant par l'océanique et le méditerranéen. Cela fait de l'automne la période idéale pour une visite – même si c'est agréable toute l'année. Les paysages sont un assemblage de côtes sauvages, de déserts arides, de plaines fertiles, de hautes et moyennes montagnes – notamment dans l'enclave du Lesotho –, de campagnes calmes et de villes modernes... Et c'est dans ce contexte idyllique que la route des Jardins s'épanouit, véritable égérie du voyage en Afrique du Sud !

DES VIGNOBLES ET DES BALEINES

Départ de Cape Town, donc, dont la situation géographique a participé à en faire la ville dynamique et touristique qu'elle est devenue. Cette cité audacieuse, où la notion de melting-pot prend tout son sens, est bordée par une montagne étrangement plate dénommée « Table Mountain », culminant à 1 000 mètres au-dessus du niveau de la mer. La vue à 360

Table Mountain, Le Cap, Afrique du Sud

degrés qu'offre ce plateau est imprenable, à la fois sur l'océan Atlantique et sur la capitale législative de l'Afrique du Sud. Mais ce belvédère permet également d'admirer les vignobles indolents qui ornent cette région produisant le célèbre vin local qu'il vous faut prendre le temps d'aller déguster. Plus au sud, le parc national de Table Mountain vous accueille, avec à son extrémité le cap de Bonne-Espérance. Ce promontoire rocheux donne sur False Bay, que vous suivez jusqu'à Hermanus, où vous aurez peut-être la chance d'observer des baleines à bosse et des rorquals tropicaux ! Après quelques pistes pas trop compliquées, vous voilà arrivé à Agulhas, le cap des Aiguilles, où les eaux chaudes de l'océan Indien rencontrent la froideur de l'Atlantique !

DIRECTION LA GARDEN ROUTE

En vous aventurant à l'intérieur des terres, dans la partie historiquement agricole du pays, vous aurez la possibilité de découvrir le passé colonial du pays, notamment avec les bâtiments hollandais d'origine encore présents à Swellendam. Ici, le terrain légèrement accidenté laisse la route filer entre champs et prairies en jachère, et un petit détour

Montagnes Outeniqua

Kogel Bay Rugged Coast Line

vers la Tradouw Pass vous permettra de vous dégourdir les pneus sur quelque 35 kilomètres (sans compter le retour) de virages sur un bitume parfait !

À Mossel Bay, ce sont les retrouvailles avec l'océan Indien. La ville n'a rien d'extraordinaire de prime abord, bien qu'étant une très agréable station balnéaire. Elle évoque néanmoins l'histoire du continent et de l'Afrique du Sud, ce cap étant connu pour être le point où les Européens ont débarqué pour la première fois sur le sol africain. Le musée Bartolomeu Dias, avec son bateau du XVe siècle prêt à amarrer, retrace très bien cette histoire et permet d'améliorer un peu la compréhension de ce pays au passé complexe. La baie aux Moules est le portail qui mène à la route des Jardins et vous permettra d'aller à Oudtshoorn voir les célèbres autruches du Little Karoo ou de vous rafraîchir dans les grottes de Cango après une petite ascension montagneuse et la traversée d'un désert.

Du parc de Wilderness à la réserve de Knysna, on retrouve la côte sauvage que ceux qui ont été du côté de Durban reconnaîtront. Les lacs et lagons qui parsèment cette zone donnent un aspect presque irréel à la scène et méritent qu'on s'y promène aux dernières lueurs du jour, afin de profiter des lumières dorées qui baignent ce monde à la lisière entre océan et montagne. Knysna se trouve d'ailleurs au bord d'un lagon fantastique et paisible, bordé et délimité par deux massifs rocheux nommés « The Heads » (les têtes). Comme dans toutes les baies du parc, il est parfois possible d'y voir évoluer des dauphins. Les chercher vaut toujours la peine, tant la contemplation est belle et la rêverie douce depuis la plage.

Réserve de Knysna

Aire marine de Tsitsikamma

TSITSIKAMMA

À Plettenberg Bay (encore une baie magnifique !), vous êtes en plein cœur du parc national de Garden Route. Cette réserve côtière comporte une magnifique forêt indigène incroyablement bien préservée, ainsi qu'un littoral spectaculaire qui émerveillera n'importe quel photographe. Il faut avouer que tous les paysages sont dignes de cartes postales.

Parmi les parcs qu'englobe celui de Garden Route se trouve notamment le parc national de Tsitsikamma, dans la province du Cap-Oriental, mythique pour les randonneurs qui rêvent tous de faire l'Otter Trail. Cette aire marine créée en 1964 a la particularité d'être la plus ancienne du monde. Son nom signifie « endroit plein d'eau », ce qui est un euphémisme au vu de la pluviométrie annuelle et des paysages où le vert de la végétation s'accorde parfaitement avec les nuances de bleu des lacs et de l'océan. Ce qui en fait un lieu particulier et unique, ce sont notamment ses sentiers entièrement aménagés et le pont suspendu qui offre un point de vue impressionnant !

EAU ET RISQUES SANITAIRES

L'eau, source de la vie sur Terre ! Mais également source de maladies infectieuses dans de nombreux pays où le traitement et la distribution de l'eau ne sont pas les plus fiables. Bactéries, virus, parasites... autant de raisons de veiller à ce que l'eau ne soit pas contaminée !

Tout d'abord, il est impératif de boire de l'eau en bouteille afin de limiter au maximum les risques dans les pays concernés. On vérifie le scellé de la bouteille et on choisit des marques reconnues. Dans le cas où il n'est pas possible de trouver de l'eau en bouteille, comme lors de certains bivouacs, pensez à avoir des filtres et des désinfectants pour la purifier. Les filtres permettront d'éliminer les bactéries et les parasites, et les comprimés d'iode ou de chlore tueront les micro-organismes.

Évitez également les glaçons et les aliments crus. On n'y pense pas forcément, mais ils sont souvent faits ou nettoyés avec de l'eau non traitée, ce qui présente les mêmes risques d'infection. Avant de consommer des légumes et des fruits, le mieux sera de les peler vous-même et de bien les faire cuire.

Pensez également à vous laver régulièrement les mains avec du savon et de l'eau purifiée ou du désinfectant à base d'alcool. Enfin, avant de vous baigner en eau douce, renseignez-vous sur la qualité de celle-ci pour éviter tout risque.

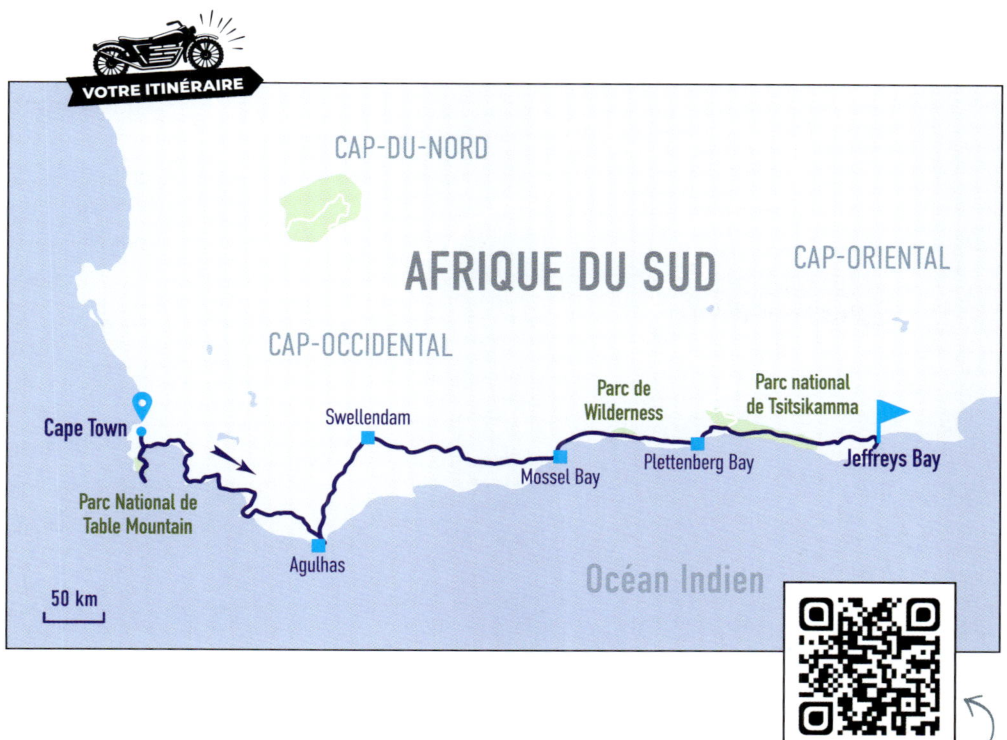

OBTENEZ LE TRACÉ GPX

Maroc

LES GORGES DU DADÈS

LES GORGES DU DADÈS, DANS LE HAUT ATLAS MAROCAIN, SE TROUVENT SUR LE TERRITOIRE DES BERBÈRES, CE PEUPLE MYSTÉRIEUX CONNU POUR SON HOSPITALITÉ ET SA LIBERTÉ ANCESTRALE. CE PAYSAGE ROCAILLEUX TISSE UN ENTREMÊLEMENT DE ROUTES QUI SERPENTENT LE LONG DES RAVINS, DES FALAISES ET DES GORGES CREUSÉES DANS LA ROCHE OCRE. SOUS UN SOLEIL DE PLOMB MAIS RÉGULIÈREMENT PROTÉGÉ PAR LES OMBRES DES FASCINANTES FORMATIONS GÉOLOGIQUES, VOUS AUREZ LA CHANCE DE PASSER DE VUES IMPRESSIONNANTES EN VUES IMPRESSIONNANTES.

2 H /// **80 KM**

LA VALLÉE DU SUD

Que vous soyez en trail, en GT, en roadster ou en sportive, cette route est accessible à tout le monde, à condition de faire attention à la poussière qui la recouvre. Dans tous les cas, préparez-vous à être ébahi par tant de beauté. Le trajet proposé ici est au départ de Kalaat M'Gouna afin de traverser l'intégralité du canyon et de passer dans la vallée des Roses, le produit phare de cette ville. Comme vous pouvez vous en douter, le spectacle est absolument splendide lors de la floraison : les roses drapées de leurs pétales contrastent magnifiquement avec les antiques kasbahs en adobe transformées en petits hôtels, au pied du fleuve Dadès, où se reflètent les merveilles de l'oued alentour aux couleurs fauve, jade, émeraude et olive. Un détour à faire absolument !

L'ATLAS

À partir de Boumalne Dadès, le paysage se transforme : la route continue à s'élever et à gagner en altitude, mais le terrain devient de plus en plus accidenté. D'un paysage ouvert à l'horizon infini, on passe à des lignes de perspective qui se rétractent et se heurtent aux falaises ocre venues faire obstacle tels des gardiens titanesques. La route ondule tranquillement entre les petites habitations humbles, les quelques plateaux agricoles et pâturages et l'immensité du paysage aux teintes roses. Attention d'ailleurs aux bergers et à leurs petits protégés ovins qui ne manqueront pas de croiser votre chemin.

C'est dans cette première partie du trajet, alors que l'ensemble devient montagneux, que vous découvrirez l'une des surprises géologiques de l'Atlas : de l'autre côté, sur l'autre versant des falaises de Tamlalt, se dressent d'intrigantes concrétions rocheuses. C'est d'ailleurs une erreur de les définir ainsi, car les Doigts de Singe de la vallée du Dadès, parfois aussi appelés « le Cerveau de l'Atlas », sont des formations rocheuses qui ont été creusées par le ruissellement de l'eau et la fonte des neiges, tout comme les gorges que vous parcourez.

Vallée des roses, Kalaat M'Gouna

Vallée du Dadès dans les montagnes de l'Atlas

LES GORGES SAILLANTES

Effectivement, les gorges de Dadès, au nombre de quatre, ont été creusées par les millions d'années d'érosion de leurs roches sédimentaires. Enfoncées par endroits, poussées vers le haut à d'autres, ces gorges profondes de 200 à 500 mètres ont pris le temps de se former selon un processus géologique violent et pourtant long. Terminés les espaces larges, vous êtes désormais à flanc de falaise. Les routes serpentent sans aucune retenue parmi les différents niveaux de roche, crevasses et ravins, tout en vous laissant parfois apercevoir le fleuve en contrebas, tantôt calme, tantôt déchaîné. Les petites bâtisses et kasbahs sont toujours présentes, même si bien plus rares, et ne détonnent absolument pas dans ce décor qui rappelle pourtant le Grand Canyon en Arizona, avec son aspect grandiose et désertique, mais également féerique. Ce lieu qui nous donne l'impression d'avoir été miniaturisés dégage en effet quelque chose de magique qui nous suit tout au long de ce périple.

LES MANCHONS SALVATEURS

S'il est un conseil récurrent pour le voyage à moto et pourtant complètement sous-estimé, c'est bien le port de manchons ! Certes, ce n'est pas très beau, tout le monde s'accorde là-dessus. Mais au-delà d'un malus en charisme sur votre fiche personnage, les manchons disposent d'un nombre de qualités qu'il serait dommage de négliger.

Que l'on souffre d'un syndrome de Raynaud ou pas, la question des doigts engourdis par le froid est un problème qui touche tous les motards dès que la température descend un peu. Soyons clairs, une main qui répond moins bien représente un danger à moto. Les poignées chauffantes ne protègent que l'intégrité thermique de vos paumes et de l'intérieur de vos doigts. Les gants chauffants peuvent s'occuper de la partie externe et la plus exposée de vos mains, mais ils demandent une source d'électricité pour fonctionner. La force des manchons sera d'être une protection passive qui s'avère efficace.

Qui plus est, les manchons offrent une protection supplémentaire face à la pluie et au vent. Toutefois, cela n'est vrai qu'à condition de bien les choisir. Tout d'abord, optez pour les modèles qui englobent également les commodos pour plus de confort et d'efficacité. Une doublure de qualité et dans les bons matériaux fera également la différence. Une marque réputée et éprouvée vous garantira la qualité dûment attendue.

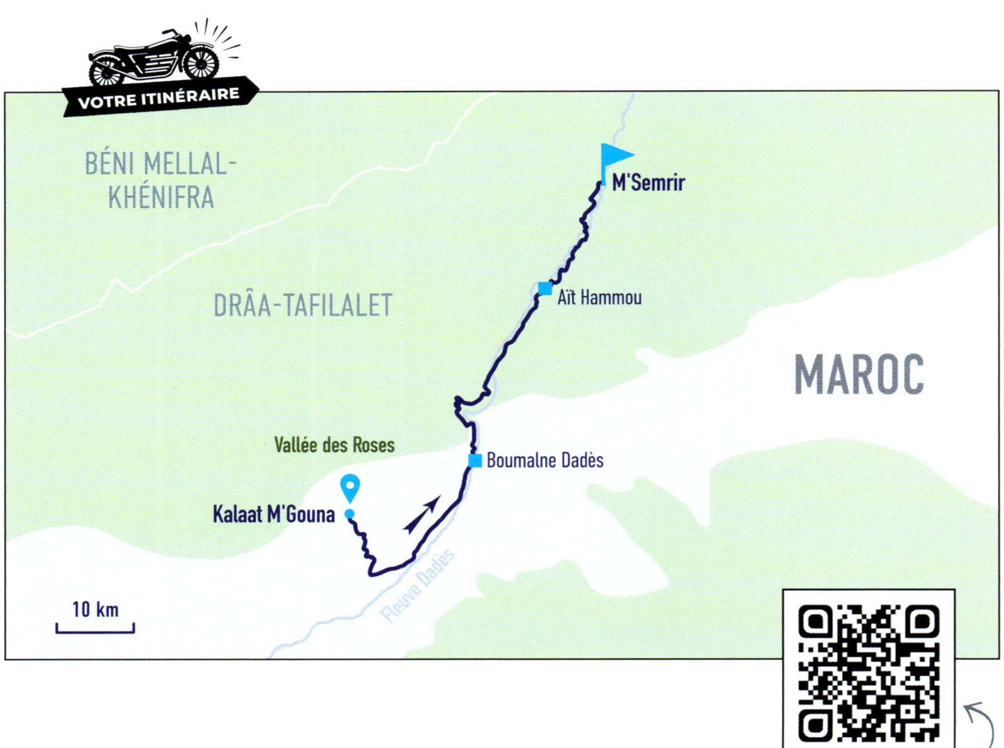

OBTENEZ LE TRACÉ GPX

Gorges du Dadès

Dans le massif central de l'Atlas, les gorges offrent des paysages vertigineux

Namibie

LE CAP WINDHOEK

IMAGINEZ-VOUS TRAVERSANT DES PAYSAGES À COUPER LE SOUFFLE, AVEC LE RUGISSEMENT DE VOTRE MOTO COMME SEULE COMPAGNIE. LA NAMIBIE, TERRE DE CONTRASTES ET DE VASTES ÉTENDUES SAUVAGES, EST LA DESTINATION ULTIME POUR UN ROAD TRIP DE DEUX SEMAINES À MOTO. DES DÉSERTS MYSTÉRIEUX AUX DUNES GIGANTESQUES, DES CÔTES ACCIDENTÉES AUX PARCS NATIONAUX PEUPLÉS D'UNE FAUNE EXCEPTIONNELLE, CHAQUE KILOMÈTRE PARCOURU PROMET UNE AVENTURE UNIQUE.

15 JOURS //// **2 800 KM**

BIENVENUE EN NAMIBIE

Votre voyage commence à Windhoek, la capitale dynamique et cosmopolite de la Namibie. La ville ne peut que plaire, avec ses marchés animés, ses bâtiments coloniaux allemands et ses restaurants proposant des spécialités locales telles que le braai ou le mieliepap. Prenez la route plein ouest, en direction de Walvis Bay, une ville portuaire de la côte atlantique. Le trajet vous fera traverser les paysages désertiques spectaculaires de l'erg du Namib, avec des étendues de sable à perte de vue. À Walvis Bay, ne manquez pas de vous rendre sur la lagune, un site exceptionnel où vous pourrez observer des flamants roses et d'autres oiseaux marins. Pour les amateurs de sensations fortes qui préfèrent ne pas tenter le diable avec leur propre moto, le sandboard et les excursions en quad dans les dunes sont des activités incontournables. À quelques kilomètres de Walvis Bay, Swakopmund est une ville au charme colonial avec une forte influence allemande. C'est d'ailleurs ce qui fait tout son attrait, cet aspect complètement surréaliste de bâtiments qui se sont perdus dans l'espace et le temps, et qui finissent par flirter avec le sable pâle du désert !

Flamants roses à Pelican Point, Walvis Bay, Namibie

Entre désert et océan

Dune dans le désert du Namib

Épave sur la Skeleton Coast

LA BEAUTÉ SAUVAGE DE LA CÔTE

Retour dans le plus vieux désert du monde pour explorer le Skeleton Coast Park, une région sauvage et préservée de la Namibie. Cette côte des Squelettes, qui doit son nom effrayant aux nombreuses épaves de navires échoués qu'elle comporte, regorge de paysages inouïs de dunes, de brouillards marins et de formations rocheuses. La route qui la longe est une expérience unique, avec une vue saisissante sur l'océan, les dunes et la végétation chiche qui les borde.

Après ce dépaysement, c'est l'intérieur des terres qui lance son appel, afin de rejoindre l'Erongo Mountain Sanctuary, véritable havre de paix offrant des opportunités de randonnées, d'observation de la faune et de détente au milieu de la nature. Les formations rocheuses spectaculaires et la flore unique de la région en font un lieu idéal pour se ressourcer, mais aussi se faire plaisir sur quelques pistes en altitude qui demandent un certain talent.

Sanctuaire Ameib Rhino, Erongo

LE NORD DU PAYS

Le périple se poursuit vers le nord-est pour découvrir la tribu Himba à Onjowewe. Les Himba, peuple semi-nomade, sont connus pour leurs traditions ancestrales et leur mode de vie simple et proche de la nature. Cette rencontre est une occasion rare de découvrir leur culture, leurs coutumes et leur artisanat. Les collines et les vallées environnantes ajoutent à la beauté de cette expérience touchante.

Une autre étape importante de votre voyage est le parc national d'Etosha, l'un des plus grands et des plus spectaculaires de Namibie.

À moto, vous pourrez en explorer les vastes plaines salines et les points d'eau fréquentés par la faune sauvage. Lions, éléphants, rhinocéros, girafes et de nombreuses espèces d'antilopes peuvent y être observés dans leur habitat naturel, pour des moments de safari inoubliables.

Après cette aventure extraordinaire, il est temps de repartir pour Windhoek. La route du retour vous permettra de profiter encore des paysages variés de la Namibie, avec juste ce qu'il faut de temps pour vous remettre de vos émotions.

Un acacia solitaire dans le parc national d'Etosha

LA COMMUNICATION EN ZONE RECULÉE

Lors de voyages lointains et autres aventures, le service cellulaire est souvent inexistant. Aussi, un téléphone satellite est parfois crucial afin de rester connecté, poster des photos sur son réseau social préféré et assurer sa sécurité en cas d'urgence.

Les différents téléphones satellite varient principalement par leur système, certains utilisant des satellites LEO (orbite basse) pour une meilleure couverture et qualité d'appel, tandis que d'autres s'appuient sur les satellites géostationnaires couvrant 90 % du globe. Les téléphones satellite modernes, bien que ne bénéficiant que d'options de navigation Web limitées, offrent plus de fonctionnalités que jamais, y compris des points d'accès Wi-Fi, des systèmes de suivi GPS, et des options SMS et e-mail en plus des appels. Choisissez votre modèle en fonction de vos besoins en termes de couverture et de fonctionnalités.

Avant de partir, chargez complètement votre téléphone satellite et laissez-le éteint tant qu'il ne vous est pas nécessaire. Pour une utilisation intensive, optez pour des modèles offrant jusqu'à trente heures d'autonomie en veille et résistants à l'eau, tout en prévoyant des batteries de rechange et une station d'accueil pour les longs voyages. Enfin, informez-vous sur les réglementations locales. Des pays comme l'Inde, la Russie, le Nicaragua, la Chine et le Tchad peuvent confisquer votre téléphone ou même vous arrêter pour l'avoir utilisé. Dans une zone où cette technologie est restreinte, envisagez des alternatives telles que des dispositifs de messagerie par satellite.

VOTRE ITINÉRAIRE

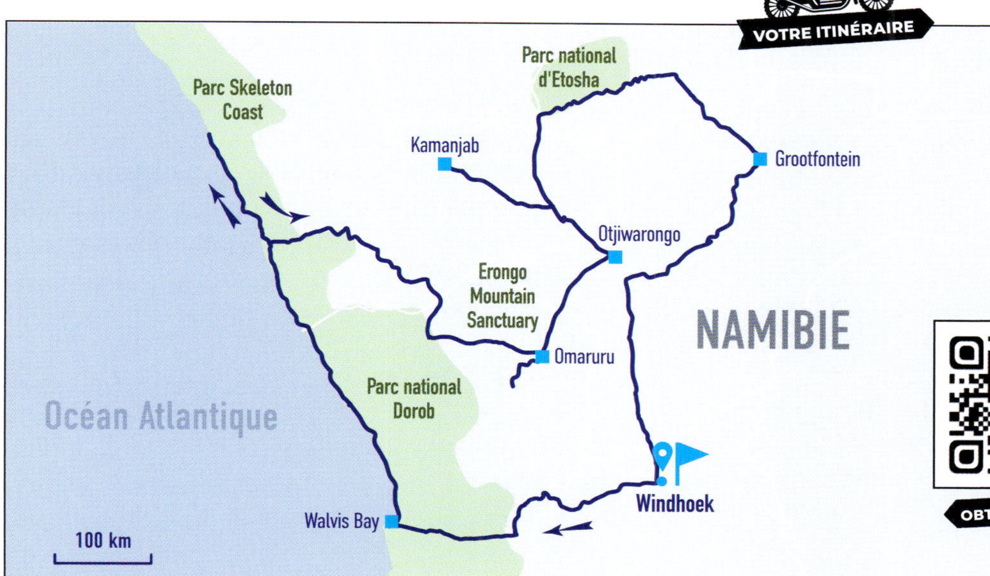

OBTENEZ LE TRACÉ GPX

Australie

LA GREAT OCEAN ROAD

LA GREAT OCEAN ROAD, UN TRONÇON DE 240 KILOMÈTRES SUR LA CÔTE SUD-OUEST DE L'AUSTRALIE RELIANT TORQUAY À WARRNAMBOOL, OFFRE UNE AVENTURE INOUBLIABLE ENTRE MER ET TERRE, PARMI LES PLUS SPECTACULAIRES DU PAYS. CETTE ROUTE SERPENTE À TRAVERS DES PAYSAGES ÉPOUSTOUFLANTS, DES FALAISES ABRUPTES AUX FORÊTS LUXURIANTES ET PLAGES IMMACULÉES, PROMETTANT UNE IMMERSION TOTALE DANS LA NATURE ET UNE CÉLÉBRATION DE LA LIBERTÉ, SURTOUT À MOTO !

4 H 30 /// **240 KM**

Erskine Falls, Lorne, Victoria

PREMIERS PAS SUR LA CÔTE

Située à seulement 100 kilomètres de Melbourne, Torquay est une ville côtière réputée pour ses plages de surf, et en particulier, Bells Beach, célèbre pour ses compétitions internationales qui attirent des aficionados du monde entier. Torquay est également le point de départ officiel de la Great Ocean Road, construite entre 1919 et 1932 comme un hommage par des soldats revenus de la Première Guerre mondiale. Premier arrêt à Aireys Inlet, où se dresse le phare historique de Split Point, appelé « White Queen » (Reine Blanche) par les locaux, qui offre une vue imprenable sur l'océan et les falaises environnantes. Montez à son sommet afin de tenter d'apercevoir la célèbre arche commémorative. Cet endroit est parfait pour une pause photo et pour apprécier le génie architectural qui a permis la construction de cette route épique à flanc de falaise.
Un petit détour à travers les forêts vous mènera aux Erskine Falls, une cascade spectaculaire nichée au cœur d'une végé-

Les douze Apôtres, Great Ocean Road, Victoria

tation luxuriante. Vous pourrez emprunter ici un sentier de randonnée qui vous rapprochera de la chute d'eau pour une expérience pour le moins… rafraîchissante ! En continuant vers l'ouest, vous atteindrez Mont Defiance, un petit point d'observation sur l'océan et la côte escarpée. L'Australie ne serait pas l'Australie sans koalas, n'est-ce pas ? Qu'à cela ne tienne, Kennett River est célèbre pour sa population de marsupiaux. Roulez lentement et gardez les yeux ouverts pour apercevoir ces adorables créatures perchées dans les arbres. Attention, cependant, ces peluches sont certes « trop mignonnes », mais elles peuvent aussi se montrer très agressives quand on les dérange !

UN DÉTOUR DANS LES TERRES

Au cœur du parc national des Otways, la Maits Rest Rainforest est une forêt tropicale dense et mystique avec des sentiers de promenade bien entretenus. Cette halte vous permettra de vous immerger dans la nature, avec des

Forêt tropicale de Maits Rest, parc national de Great Otway

fougères géantes et une flore exotique qui s'étend inexorablement. Plus au nord, vers l'intérieur des terres, vous pourrez admirer the Redwoods Otways, une forêt de séquoias géants plantés au début du xxe siècle, ainsi que les Triplet Falls, une série de cascades sur trois niveaux. Des sentiers de randonnée bien balisés permettent ici aussi de s'approcher de ces chutes d'eau et de profiter de la fraîcheur de la forêt environnante.

DE RETOUR SUR LA CÔTE SAUVAGE

En revenant sur la côte, petite surprise à Wreck Beach, une plage isolée parsemée d'épaves de navires, comme des vanités déposées là par quelques peintres ayant souhaité immortaliser l'océan. Si ce genre de tableaux vous angoisse, continuez encore un peu pour descendre l'escalier des Gibson Steps, atteindre la plage et admirer de près les imposantes formations rocheuses qui émergent de l'océan. C'est une expérience impressionnante de marcher le long de cette plage sauvage, avec les vagues puissantes s'écrasant contre les falaises abruptes.

Tout près de là, l'un des points forts de votre voyage vous attend : les Douze Apôtres, des formations rocheuses emblématiques qui se dressent majestueusement dans l'océan. Juste après se trouve Loch Ard Gorge, un site chargé d'histoire qui tire son nom d'un navire naufragé, le Loch Ard, et offre des plages de sable blanc entourées de falaises vertigineuses, sorte de signature géologique de cette zone. Le Razorback est une autre formation rocheuse spectaculaire à ne pas manquer. Cette arête étroite et escarpée sculptée par l'érosion présente des vues incroyables sur la côte environnante. Toujours dans une approche « caillouteuse » de cette zone, vous trouverez un peu plus loin le London Bridge, un pont naturel qui s'est effondré en 1990 pour ne laisser qu'une arche solitaire.

Razorback à la gorge Loch Ard, parc national Port Campbell

Gibson Steps

OBTENEZ LE TRACÉ GPX

LA COMMUNICATION À L'ÉTRANGER

On dit souvent que la communication, c'est la clé ! Eh bien, cet adage se révèle vrai à l'étranger également, qu'il s'agisse de rester en sécurité en tenant sa famille et amis informés de notre localisation, ou de pouvoir obtenir les bonnes informations dont on peut avoir besoin, sur Internet par exemple.

Acheter une carte SIM locale est une solution pour passer des appels, envoyer des SMS et accéder à Internet à moindre coût. Assurez-vous cependant que votre téléphone est débloqué pour accepter des cartes SIM d'autres opérateurs. Pour les téléphones les plus récents, les eSIM permettent d'ajouter un forfait local sans retirer votre carte SIM. Une autre possibilité est de garder votre numéro en souscrivant un forfait international proposé par votre opérateur, bien que cela puisse être plus coûteux.

Enfin, des applications comme WhatsApp, Signal, Skype et Viber permettent de rester en contact gratuitement via Internet. Assurez-vous d'avoir une connexion Wi-Fi ou des données mobiles suffisantes et que vos proches utilisent également ces applications. Profitez des points Wi-Fi gratuits dans les cafés, hôtels et espaces publics, et utilisez un VPN pour protéger vos données personnelles.

Dans les zones reculées sans couverture mobile, les téléphones satellite garantissent une connexion en cas d'urgence.

Australie

GREAT ALPINE ROAD

LES AUSTRALIENS N'ONT PEUT-ÊTRE PAS BEAUCOUP D'IMAGINATION POUR TROUVER DES NOMS D'ITINÉRAIRES, COMME LES DIFFÉRENTES GREAT ROADS EN TÉMOIGNENT, MAIS ILS ONT DES KANGOUROUS. AU-DELÀ DE CE TRAIT D'ESPRIT, IL FAUT CONCÉDER QUE L'AUSTRALIE EST SURTOUT UN PAYS DONT LA TOPOLOGIE EST AUSSI VARIÉE QUE SURPRENANTE ! EN TÉMOIGNENT LA GREAT ALPINE ROAD ET SES QUELQUES CENTAINES DE KILOMÈTRES QUI VOUS MÈNERONT DU CŒUR DU PAYS JUSQU'À LA CÔTE EN PASSANT PAR LES ROUTES NON POLICÉES DES MONTAGNES ENVIRONNANTES. UN TRAJET À LA FOIS BEAU ET TRÈS AMUSANT À PARCOURIR !

4 H 30 /// 315 KM

La Great Alpine Road à Victoria, Australie

CÉPAGE'NIAL ?

Au nord-est de Victoria, en pleine « terre du vin », la charmante ville de Wangaratta sera idéale pour débuter ce road trip. Il faut dire que l'ambiance détendue qui règne dans ses petites rues bordées d'arbres s'accompagne parfaitement d'un vin sucré de la King's Valley, la célèbre région viticole où vous vous trouvez. Des vignobles, vous en croiserez plusieurs sur votre route vers Myrtleford au charme champêtre, ainsi que des champs de tabac. L'occasion de faire une petite pause à la Myrtleford Plantation pour une balade bucolique. C'est à Bright que les choses sérieuses commencent. La ville est une porte d'entrée vers les Alpes australiennes, mais elle est également connue pour ses festivals et ses jardins. Mais bon, ce qui nous intéresse, c'est plutôt le côté alpin, non ?

Vue panoramique sur les Alpes australiennes

LA PARTIE ALPINE DE LA GREAT ROAD

À partir de Harrietville, la route commence à sérieusement prendre de l'altitude, avec des pentes allant jusqu'à 14 % par endroits ! Le curseur de « sinuosité » a également été poussé au maximum, la route vous bringuebalant de gauche à droite et de droite à gauche avec un dédain suprême pour l'estomac des pauvres automobilistes qui n'ont pas fait le choix sage de prendre la moto ! Après la succession de monts que sont Sugarloaf, St. Bernard, Smythe, Blowhard et Little Mount Baldy, vous arrivez au mont Hotham, le point culminant de la Cordillère australienne. La route est particulièrement spectaculaire et offre des panoramas incroyables sur la chaîne alpine environnante et le parc national. En hiver, ce mont est une station

Panneau kilométrique sur la Great Alpine Road dans l'État de Victoria

Mont Hotham, Australie

de ski animée, tandis qu'en été, c'est un paradis pour les randonneurs, les VTTistes et, évidemment, les motards en mal de sensations fortes. Le parc, quant à lui, est constitué de de vastes forêts, de prairies alpines et de quelques rivières cristallines offrant un paysage intact.

Le lac Seebensee

LE GPS

Évidemment, il est aujourd'hui difficile de se passer d'un GPS, qui s'avère tout de même très pratique pour voyager ! Cependant, pour une utilisation à moto, il est important de prendre en compte les spécificités et besoins associés à cette pratique : à l'inverse d'un GPS classique, celui pour moto se doit d'être résistant aux vibrations et à l'eau, utilisable avec des gants, et d'offrir des fonctionnalités adaptées aux motards.

Parmi les spécificités à surveiller, l'écran doit être d'une taille suffisante pour une bonne lisibilité tout en restant compact. L'étanchéité doit respecter les normes IP, et l'interface doit être ergonomique et intuitive. La connectivité, comme le Bluetooth et le Wi-Fi, est cruciale pour les mises à jour et les informations en temps réel grâce à un intercom judicieusement placé dans votre casque. La cartographie doit couvrir une large zone géographique et être régulièrement mise à jour, tandis que l'autonomie dépend du câble de charge relié à votre moto plus que de la batterie intégrée. Les fonctionnalités supplémentaires incluent les notifications, les zones à virages et les points d'intérêt.

Vous me direz : « Oui, mais aujourd'hui, on n'en a plus besoin avec les smartphones ! » Que nenni ! Bien que les smartphones soient pratiques pour les courts trajets, les GPS moto sont plus robustes, ne craignent pas la pluie, ne chaufferont pas au soleil, ils sont manipulables avec des gants et offrent une meilleure lisibilité en plus de fonctionnalités vraiment dédiées. Et vous pouvez utiliser votre GPS moto en voiture, alors que l'inverse n'est pas possible. Pensez tout de même à emporter une carte papier, ça peut toujours être utile !

LA CÔTE EST AUSTRALIENNE

En attaquant la pente descendante de ce trajet, un petit passage à Omeo, dans la vallée au pied du mont Livingstone, s'impose. Signifiant « montagne » en langue aborigène, Omeo est une ville dont le passé minier est visible à travers ses bâtiments patrimoniaux et son musée. Après quelques prairies de montagne, de nouveaux virages serrés en épingles à cheveux qu'il faut négocier avec habileté le long de la Tambo River, la vue finit par se dégager des massifs rocheux, et le passage qui relie le détroit de Bass à la mer de Tasman apparaît enfin. La route se transforme, les paysages aussi, et l'ensemble vous mène vers Bairnsdale, votre destination finale. Avec ses plages, sa lagune et sa position idéale entre les parcs nationaux, cette ville côtière dynamique avec vue sur Jones Bay et les immenses lacs qui se succèdent est idéale pour se remettre des émotions que procure la Great Alpine Road.

OBTENEZ LE TRACÉ GPX

La côte est australienne

Nouvelle-Zélande

NORTH ISLAND CIRCUIT

ÉVIDEMMENT QUE LES NÉO-ZÉLANDAIS SONT SUSPECTS ! INSTALLÉS À L'AUTRE BOUT DU MONDE, LE PLUS LOIN POSSIBLE DES AUTRES, AUSSI DISCRETS QUE POSSIBLE, À NOUS FAIRE MIROITER QU'IL N'Y A PAS GRAND-CHOSE CHEZ EUX HORMIS DES KIWIS ET DES KIWIS, L'UN ÉTANT UN ANIMAL ET L'AUTRE UN FRUIT… MAIS AUJOURD'HUI, NOUS CONNAISSONS LES SECRETS QU'ILS NOUS CACHAIENT DEPUIS TOUT CE TEMPS ! ILS VOULAIENT GARDER JALOUSEMENT CES PAYSAGES MIRIFIQUES POUR EUX ? ILS SOUHAITAIENT QUE PERSONNE NE RÉVÈLE QUELLES MERVEILLES S'ÉRIGENT SUR CES ÎLES FABULEUSES ? EH BIEN C'EST RATÉ ! À TRAVERS CE VOYAGE FANTASTIQUE ET MYTHIQUE, SOURCE D'ÉMERVEILLEMENT PERMANENT, NOUS VOUS RÉVÉLONS TOUT DE CE PETIT COIN DE PARADIS !

10 JOURS /// **1 100 KM**

LE JOYAU DU PACIFIQUE SUD

Le voyage commence à Auckland, la plus grande ville de Nouvelle-Zélande. Connue pour sa skyline iconique et ses ports animés, Auckland est le point de départ idéal pour cette aventure. La Sky Tower sera parfaite pour profiter de ce tableau à 360 degrés englobant la ville, la baie, les ports de Manukau et Waitematā ainsi que les parcs où il fait bon flâner. Mais vous n'êtes pas là pour voir de grandes cités, n'est-ce pas ? Direction le sud/sud-est, afin de traverser les immensités du pays. L'altitude n'est pas élevée, mais les collines vous obligent néanmoins à suivre une route tout en courbes, ce qui n'est clairement pas pour déplaire. Pour renforcer le sentiment d'éloignement, il est d'ailleurs possible de quitter les grands axes pour des chemins alternatifs : dépaysement garanti ! Une variété étonnante de décors s'offre à vous : des forêts denses où des arbres indigènes créent une canopée ombragée et des rivières scintillantes qui se faufilent. Mais aussi des pâturages gigantesques où paissent des vaches bodybuildées et de nombreux moutons, juste à côté de domaines agricoles immenses. Puis les collines verdoyantes cèdent peu à peu la place à des formations calcaires assez spectaculaires. Ces affleurements rocheux témoignent de la richesse géologique de la région, annonçant déjà les merveilles qui vous attendent à Waitomo.

Les magnifiques Ranges de Tararua dans le Wairarapa

Vue panoramique d'Auckland, Nouvelle-Zélande

Grottes de Waitomo

UN PEUPLE TROGLODYTIQUE ?

Les grottes de Waitomo sont célèbres pour leurs vers luisants qui illuminent les cavités sombres comme un ciel étoilé souterrain. Oui, vous avez bien lu ! En sus de formations calcaires spectaculaires et de rivières souterraines mystérieuses, la présence de vers luisants vient dessiner une carte des étoiles au fin fond de ces excavations naturelles. C'est comme contempler l'Univers alors que vous vous baladez en bateau dans un souterrain. Incroyable ! Dans cette même veine (souterraine), il est possible de visiter les Ruakuri Cave, dont l'accès en spirale offre un aspect mystique. Plus loin, c'est Hobbiton, proche de la ville de Matamata, qui interroge quant à la propension des « Kiwis » à s'enterrer : phénomène de mode ou tradition ancestrale ? Plus sérieusement, ce lieu emblématique est célèbre pour avoir servi de décor dans les films *le Seigneur des anneaux* et *le Hobbit*. Évidemment, découvrir ces portes rondes au cœur des collines verdoyantes est un véritable enchantement pour les fans de la saga et les amateurs de paysages pittoresques. Ces charmantes maisons troglodytiques dégagent quelque chose de féerique. Une magie qui a transporté tous les amoureux des épopées de Tolkien et qui prend vie ici.

Hobbiton - décor créé pour le tournage des films *Le Seigneur des Anneaux* et *Le Hobbit* à Matamata

Volcans Tongariro et lacs bleus, Nouvelle-Zélande

PROUESSES GÉO -LOGIQUES -THERMIQUES -GRAPHIQUES

Plus à l'est, au bord du gargantuesque lac éponyme, se trouve la ville de Rotorua, connue pour son héritage maori ainsi que ses geysers jaillissants, ses sources thermales fumantes et autres spectacles naturels époustouflants. La région est imprégnée de l'odeur sulfureuse des activités géothermiques, ajoutant une dimension sensorielle très particulière à ce voyage. Cette signature olfactive contraste délicieusement avec les baignades relaxantes dans les eaux chaudes naturelles que cette zone offre. Les bassins bouillonnants et les mares de boue constituent un second contraste fascinant avec les forêts luxuriantes environnantes.

La route vers le parc national de Tongariro, dominé par le majestueux mont Ngauruhoe, est une aventure en soi. Vous traverserez moult paysages différents avant d'y arriver : des forêts de fougères arborescentes, de kauris majestueux et parfois de conifères, mais également des plaines végétales, des champs, et cela jusqu'à suivre la lisière du lac Taupo, où la route commence à grimper.

Ce paysage volcanique, utilisé comme décor pour le mont Doom dans *le Seigneur des anneaux*, est d'une beauté saisissante et quelque peu intimidante. En approchant de ces montagnes imposantes, n'importe qui serait saisi par une sensation d'humilité face à l'immensité, donnant une autre dimension à la quête de nos hobbits préférés ! Pour les amateurs, les sentiers de randonnée à travers les champs de lave et les lacs alpins offrent des vues spectaculaires et des moments de contemplation inoubliables. Et si jamais vous avez un anneau dont vous devez vous débarrasser, c'est le moment !

Kapiti Coast

ART DÉCO ET VIGNOBLES

Sur la côte est, Napier, avec son architecture Art déco et ses vignobles réputés, offre une parfaite étape culturelle et gastronomique. La route sinueuse à travers les vignobles de Hawke's Bay est un plaisir pur pour tout motard, chaque virage révélant de nouvelles perspectives sur les collines couvertes de vignes. Une dégustation de vins locaux et une promenade dans les rues de Napier transportent les voyageurs dans une autre époque, combinant le charme de ce style Art déco un poil surréaliste avec des paysages immuables déclinant avec goût une palette de couleurs allant du vert pastel au bleu profond. La dernière étape du voyage mène à Wellington, la capitale culturelle de la Nouvelle-Zélande. Avant d'y arriver, il faudra quitter Napier à travers l'ondulation des coteaux couverts de vignes, les plaines agricoles de Manawatū, le contraste saisissant qu'offrent Tararua Range et ses montagnes, et les vallées de Wairarapa. Arrivé sur la côte de Kapiti, l'océan se rappelle à vous et vous guide jusqu'à la capitale. Nichée entre des collines verdoyantes et une baie scintillante, Wellington est connue pour son atmosphère bohème, ses cafés animés et ses musées fascinants. Contempler un sublime coucher de soleil sur le mont Victoria sera le meilleur moyen de finir votre journée et votre long trajet en terre maori.

Pics Tararua, Wellington, Nouvelle-Zélande

VOTRE ITINÉRAIRE

OBTENEZ LE TRACÉ GPX

LA CHECK-LIST

À imprimer et à cocher au fur et à mesure !

Papiers

- Permis
- Permis international (si nécessaire)
- Passeport avec visa(s)
- Carte grise
- Carte d'identité
- Assurance
- Constat (en Europe)
- Numéros d'urgence
- Doubles des papiers (stockés ailleurs)

Matériel divers

- GPS / téléphone + chargeurs
- Lampe + chargeur
- Gourde / CamelBack
- Couteau multifonction
- Powerbank + câble
- Adaptateur électrique
- Papier toilette
- Sacs-poubelle
- Trousse de secours complète
- Gilet jaune
- Carte(s) papier
- Argent liquide
- Cadenas pour le casque/ la moto

Vêtements

- Chaussures de marche
- Sous-vêtements pour cinq jours
- Tenue complète de ville adaptée aux conditions climatiques
- Sous-vêtements techniques
- Vêtement chaud et peu épais (softshell ou polaire)
- K-Way ou surveste étanche
- Lunettes de soleil
- Casquette/chapeau
- Maillot de bain
- Sac à linge sale
- Trousse de toilette (brosse à dents, savon tout-en-un)
- Serviette légère et à séchage rapide

Équipement moto

- Casque + visière solaire
- Blouson
- Gants
- Pantalon
- Bottes
- Protections contre la pluie
- Tour de cou
- Bouchons d'oreilles
- Nécessaire pour nettoyer l'écran

Camping

- Tente
- Matelas
- Duvet + sac à viande
- Réchaud + bouteille de gaz
- Produits antimoustiques
- Popote complète
- Éponge
- Allumettes imperméables

Mécanique

- Trousse à outils
- Couvercle de pot de confiture
- Kit anticrevaison
- Serres-câbles + WD40 + duct tape
- Graisse de chaîne

Crédits photographiques :
Toutes les images présentes dans cet ouvrage proviennent de shutterstock.com.

Direction de la publication : Carine Girac-Marinier
Édition : Véronique Tahon
L'Éditeur remercie Solenne Carteron pour son aide précieuse.
Couverture : Damien Payet
Mise en page : Lucile Jouret
Cartographie : Tiphaine Desmoulière
Fabrication : Rebecca Dubois

ISBN : 978-2-03-606609-0

Achevé d'imprimer en Espagne par ESTELLA GRAFICAS
Dépôt légal : octobre 2024
336999/01/11055966-septembre 2024